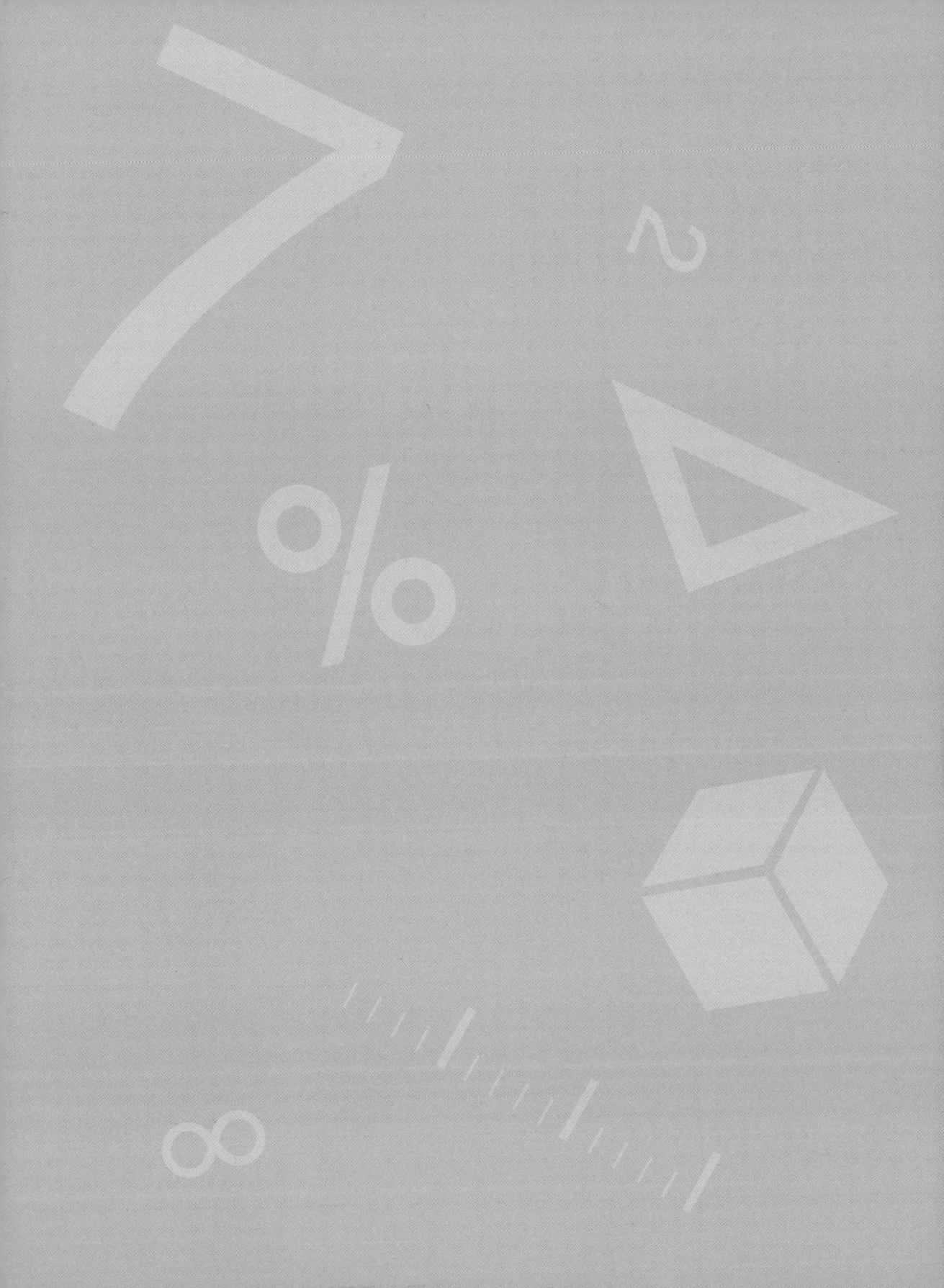

초등에서 중등 개념까지

와이즈만 수학사전

박진희

성신여자대학교 통계학과를 졸업하고 중등 학습물 집필 및 편집을 하고 있습니다. 만든 책으로는 《중고등 수학 교과서》《쌤콕》《열공》《최고수준》 등 초·중·고 학습물이 있습니다.

윤정심

전남대학교 수학과를 졸업하고 출판사에서 근무하며 다수의 유초등 학습 교재 및 동화를 기획하였습니다. 현재는 아이들을 위한 동화와 학습서를 기획하며 글을 쓰고 있습니다. 《쉬운 수학 백과》《새알 한자》《한솔 수학나라》《구몬 이야기 수학》《창의력 해법수학》《개념씨 수학나무》《사탕수수》 등 다수의 학습서와 동화를 집필하였습니다.

임성숙

한국교원대학교 수학교육과를 졸업한 뒤 단국대학교 수학교육과에서 석사학위를 받았습니다. ㈜창의와탐구 와이즈만 영재교육연구소에서 수학 프로그램 및 교재를 개발했습니다. 지은 책으로는 《즐깨감수학》 시리즈 《즐깨감 스토리텔링 서술형수학》《문제해결의 길잡이_교과서편》《깨우자! 수학지능》 등이 있습니다.

와이즈만 수학사전

1판 1쇄 발행 2015년 9월 7일
1판 16쇄 발행 2025년 1월 6일

박진희 윤정심 임성숙 글 | 윤유리 그림 | 와이즈만 영재교육연구소 감수

발행처 | 와이즈만 BOOKs
발행인 | 염만숙
출판사업본부장 | 김현정
편집 | 김예지 양다운 이지웅
표지디자인 | 이혜경 **본문디자인** | 금동이책
마케팅 | 강윤현 백미영 장하라
출판등록 | 1998년 7월 23일 제1998-000170
사용 연령 | 8세 이상
제조국 | 대한민국
주소 | 서울특별시 서초구 남부순환로 2219 나노빌딩 5층
전화 | 마케팅 02-2033-8987 편집 02-2033-8983
팩스 | 02-3474-1411
전자우편 | books@askwhy.co.kr
홈페이지 | mindalive.co.kr

저작권자ⓒ 2015 ㈜창의와탐구
이 책의 저작권은 ㈜창의와탐구에게 있습니다.
저자와 출판사의 허락 없이 내용의 일부를 인용하거나 발췌하는 것을 금합니다.

잘못된 책은 구입처에서 바꿔드립니다.

* 와이즈만 BOOKs는 ㈜창의와탐구의 출판 브랜드입니다.

초등에서 중등 개념까지

와이즈만 수학사전

박진희·윤정심·임성숙 글 | 윤유리 그림
와이즈만 영재교육연구소 감수

저자의 글

함께 놀고 싶은 수학사전을 만들며

"선생님, 수학은 왜 배워요?"라는 질문을 학생들에게서 많이 받습니다. 수학은 우리의 생활 속에서 금융, 통계, 여러 가지 사회과학적 현상, 우주여행에 이르기까지 그 쓰임새가 무궁무진하지만, 무엇보다도 수학은 인류에게 매우 중요한 생각의 도구입니다. 수학을 이용해 생각하면 눈에 보이지 않는 일들도 논리적이고 구체적으로 생각할 수 있습니다. 학생들이 뛰어 놀고 게임을 하며 재미를 느끼듯이 수학을 통해서도 몰입하여 재미를 느끼고 생각이 자라났으면 좋겠습니다. 〈와이즈만 수학사전〉 집필진들은 학생들에게 수학의 재미를 알게 해주는 수학사전을 만들려고 고민을 거듭하여 다음의 3가지를 차별화했습니다.

첫째, 가나다순으로 표제어를 나열하여 사전 본연의 역할을 충실히 했습니다. 학생들이 수학 공부를 하거나 책을 읽다가, 또는 생활 속에서 수학 용어를 만나면 언제든 쉽게 찾아볼 수 있는 사전입니다. 백과사전식 구성이나 교과 개념순 나열이 아니라 학생들이 필요할 때 원하는 단어에 바로 접근할 수 있습니다.

둘째, 국내 최대 표제어를 담아 다양한 목적으로 활용할 수 있도록 했습니다. 학생들은 학교 시험 대비, 숙제나 수행 평가, 영재교육원 대비 등 여러 가지 이유로 수학 공부를 합니다. 이러한 다양한 목적에 도움이 되도록 초·중등 수학 교과와 관련 도서, 실생활에서 만날 수 있는 수학 용어들까지 폭넓게 포함하고 있습니다.

셋째, 핵심을 짚어 간결하게 설명하며, 개념을 확장·심화할 수 있게 구성하였습니다. 수학은 이전 학년에서 배웠던 개념들이 이후 학년에서 배우는 개념과 연결 고리를 가지고 있습니다. 또 수와 연산에서 배웠던 내용들이 도형을 배우면서 적용되어지기도 합니다. 그래서 수학은 매우 구조적인 학문입니다. 따라서 개념을 처음 접하는 학생들도 친절한 일러스트를 통해 수학 개념을 쉽게 이해하는 동시에 그것이 다른 개념과 어떤 연결 고리를 가지고 있는지 한번에 파악할 수 있도록 구성하였습니다.

수학 공부에 재미를 붙이고 싶은 학생부터 이미 수학을 매우 사랑하는 학생까지, 항상 곁에 두고 찾아 보는 〈와이즈만 수학사전〉이 되기를 바랍니다.

박진희, 윤정심, 임성숙

추천의 글

정확한 용어와 개념으로 수학 학습의 참재미를 발견해요!

많은 학생들이 초등 저학년일 때는 수학을 재미있어 하다가도, 학년이 올라갈수록 수학 학습에 부담을 많이 느끼게 됩니다. 실제로 4학년부터는 기존에 배운 것들을 서로 연결 지으며 논리적으로 생각해야 개념을 제대로 이해할 수 있습니다. 게다가 배경 지식을 응용해야만 풀 수 있는 복합 문제와 서술형 문제들이 나오기 시작하면서 학생들의 어려움은 더욱 커지게 됩니다.

이렇게 수학의 난이도가 올라감에 따라 나타나는 개인 간의 실력 차이는 바로 기본기의 차이라고도 할 수 있습니다. 수학적 기초가 튼튼해야 응용력과 문제해결력을 키울 수 있고 자신감을 가지고 상위 개념을 학습할 수 있기 때문입니다.

수학은 수학적 약속을 기호로 표현한 학문입니다. 이러한 수학적 용어와 기호를 학습함으로써 수학 자체뿐만 아니라 과학과 일상생활에 대해 의사소통하는 능력을 향상시킬 수 있습니다. 따라서 수학의 기본을 다지려면 무엇보다 수학적 용어와 개념을 올바르게 이해하고 사용하는 것이 중요합니다.

〈와이즈만 수학사전〉은 개정 교과서에 맞추어 기초 수학부터 응용 수학까지, 초등부터 중등 교과 과정까지 폭넓게 아우르며 꼭 필요한 개념어를 엄선해 초등학생 눈높이에 딱 맞게 쉽고 간명하게 풀이했습니다. 같은 용어라도 국어사전이나 백과사전에서는 해소할 수 없었던 정확하고 수학적인 해설과 관련 단어의 연결성까지 두루 갖추었습니다. 또한 용어의 한자와 영문 표기도 함께하여 그 뜻을 더욱 분명히 이해하도록 돕고 있습니다.

특히 표제어를 가나다순 목차와 학년별 교과 내용에 따른 목차로 병행 표시하여 사용의 편리성을 높이고, 수학 용어 간의 체계를 쉽게 이해하도록 하였습니다.

와이즈만 영재교육의 수학교육 노하우를 바탕으로 만든 〈와이즈만 수학사전〉은 교과 학습은 물론 수학적인 사고력을 넓혀 수학의 참재미를 느끼게 해주는 좋은 친구가 될 것입니다.

와이즈만 영재교육연구소 이미경 소장

이 책의 구성 및 특징

표제어
표제어는 초등학교와 중학교에서 다루는 주요 수학 용어 308개를 뽑았습니다. 수학 용어에 대한 이해를 돕기 위해 한자어와 영어를 병행해서 제시하였습니다.

핵심 요약
수학 용어에 대한 정확한 뜻을 바로 확인할 수 있도록 핵심 내용을 포함한 한 문장으로 제시하였습니다.

본문
수학 용어를 알기 쉽게 풀어서 설명하였습니다. 개정된 교육 과정의 용어와 띄어쓰기를 적극 반영하였습니다.

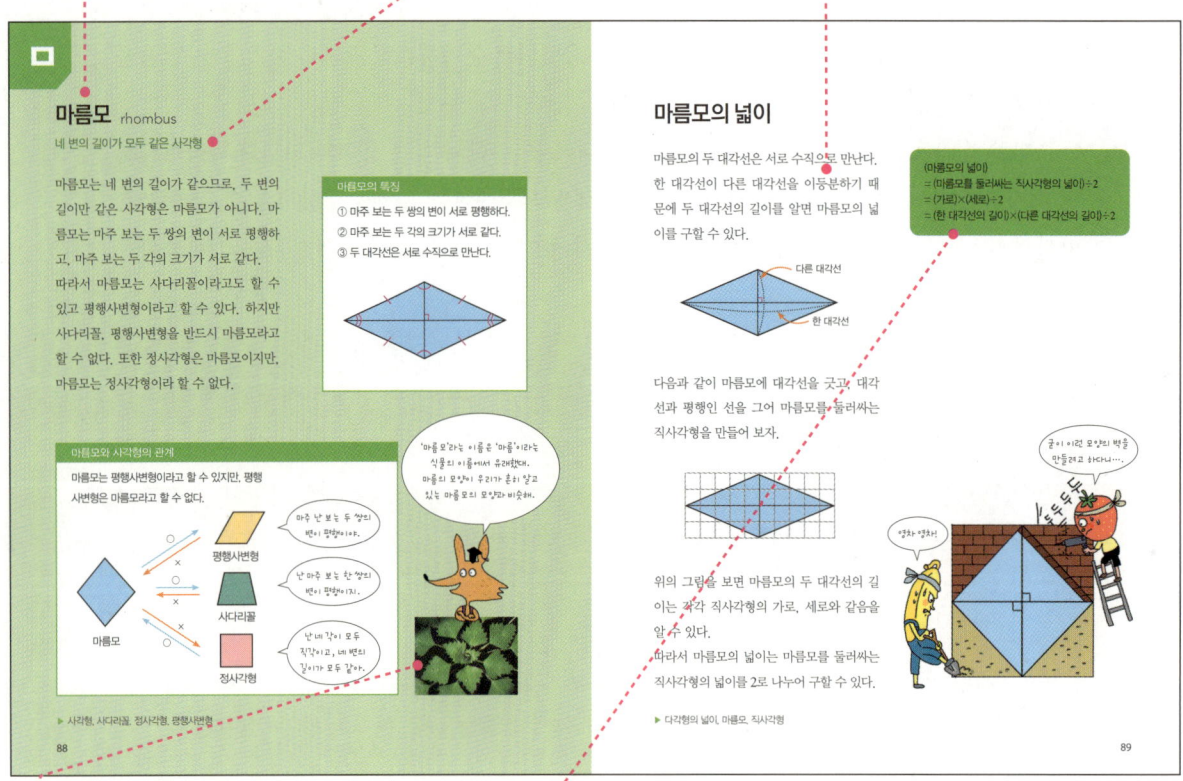

사진
내용에 대한 이해를 도울 수 있는 관련 사진을 제시하였습니다.

공식
넓이, 부피, 단위환산 등 주요 공식을 한눈에 파악할 수 있도록 별도로 정리해 두었습니다.

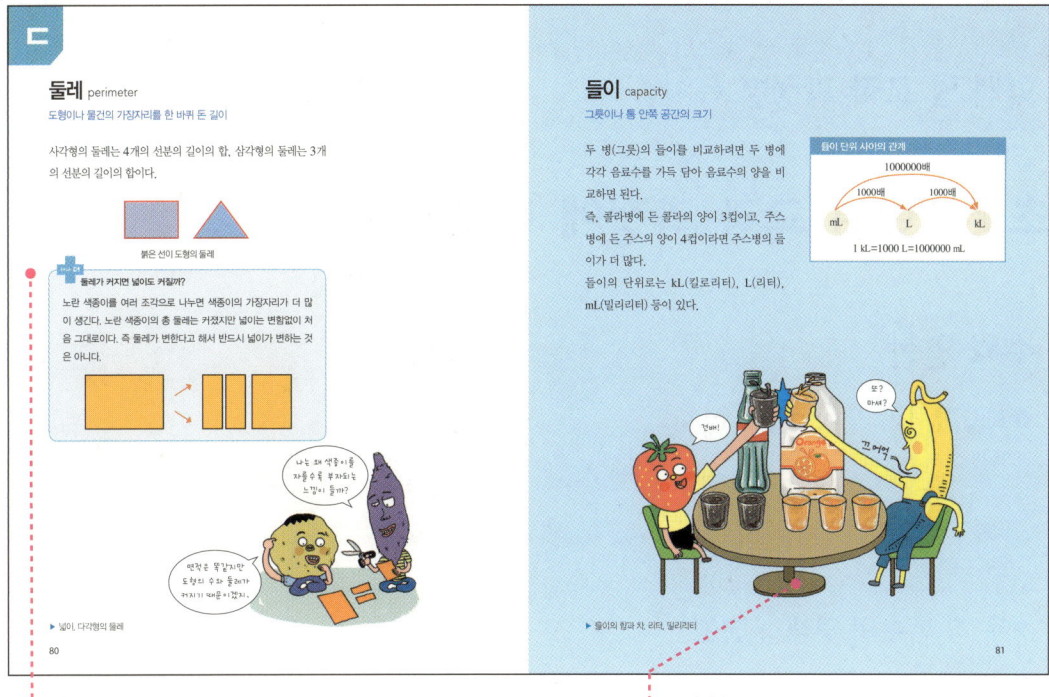

하나 더

표제어와 관련된 확장, 심화된 추가 설명을 통해 이해의 폭을 넓힐 수 있게 하였습니다.

삽화

흥미와 호기심을 자극하면서, 본문 내용을 쉽게 이해할 수 있도록 직관적인 삽화를 구성하였습니다.

일러두기

1 표제어 선정

초등학교 전학년 수학 과목에서 다루고 있는 모든 수학 용어를 뽑아 정리한 뒤, 연관된 중학교 수학 용어를 뽑아서 선정하였습니다. 다음으로 와이즈만 영재교육에서 다루고 있는 추가적인 설명을 수집하여 관련 용어에 배치하였습니다.

2 학년별 교과 과정 목차

목차를 가나다순과 학년별 교과 내용별로 병행하였습니다. 학년과 영역별로 다루어지는 표제어를 학습 맥락에 맞춰 찾아볼 수 있습니다.

3 표제어 설명

표제어와 띄어쓰기는 '교과서 편수 자료'를 참고로 하여 2009년 개정 교육 과정에 의해 개발된 수학 교과서를 기준으로 하였습니다. 단위는 국제단위계를 기준으로 삼고, 그 외 용어는 국립국어연구원을 기준으로 맞추었습니다.

4 수학 사전의 활용

항상 옆에 두고 필요할 때마다 찾아서 궁금증을 해결하고, 추가적으로 기록하고 싶은 내용이 있으면 해당 용어 옆에 적어 두어 나만의 용어 사전을 만들어 봅니다.

학년 및 교과 과정별 목차

초등 1학년 교과 과정에 나오는 용어

수와 연산

● **100까지의 수**
수 148
숫자 157
짝수 231
홀수 256

● **두 자리 수의 덧셈과 뺄셈**
가르기 15
더하기 70
덧셈 71
등호 84
모으기 97
빼기 128
뺄셈 128
차 232
합 248

측정

● **양의 비교**
거리 22
길이 45

● **시각 읽기**
분침 121
시침 162
초침 233

규칙성

● **규칙 찾기**
뛰어 세기 85
수 배열표 149

도형

● **평면도형의 모양**
● **두 자리 수의 덧셈과 뺄셈**
곧은 선 30
굽은 선(곡선) 38

초등 2학년 교과 과정에 나오는 용어

수와 연산

● 네 자리 이하의 수
수 148
숫자 157

● 곱셈
곱 31
곱셈 31
곱셈구구 32
구구단 38
수직선 153

도형

● 입체도형의 모양
꼭짓점 49
도형 74
변 113
사각형 130
삼각형 136
원 177
오각형 175
육각형 192

측정

● 시각과 시간
시각 158
시간 159
시간의 합과 차 160

● 길이
길이의 합과 차 46
미터 104
센티미터 143

확률과 통계

● 분류하기
분류하기 119

● 표 만들기
표 244

● 그래프 그리기
그래프 40

초등 3학년 교과 과정에 나오는 용어

수와 연산

●세 자리 수의 덧셈과 뺄셈
받아내림 109
받아올림 110
자연수 204

●곱셈
곱 31
곱셈 31
곱셈구구 32
구구단 38

●나눗셈
검산 23
나누기 50
나누어떨어진다 50
나눗셈 51
나머지 51
몫 97
반 107

●분수
가분수 15
단위분수 63
대분수 65
분모 120
분수 120
분자 121
진분수 229

●소수
소수 145

도형

●도형의 기초
반직선 109
선분 142
직각 222
직선 226

평면도형 239

●평면도형의 이동
도형 돌리기 75
도형 뒤집기 76
도형 밀기 77

●원의 구성 요소
원의 반지름 185
원의 중심 186
원의 지름 186
원점 187

측정

●시간
년 53
일(하루) 197
월 189
주일 220

●길이
밀리미터 105
킬로미터 236

●들이
들이 81
들이의 합과 차 82
리터 87
밀리미터 105

●무게
그램 41
무게 98
무게의 합과 차 99
킬로그램 236

확률과 통계

●자료의 정리
그림그래프 42

초등 4학년 교과 과정에 나오는 용어

수와 연산

- **다섯 자리 이상의 수**
  자릿값 204

- **자연수의 혼합 계산**
  혼합 계산 255

- **분수와 소수의 덧셈과 뺄셈**
  공통분모 33

도형

- **여러 가지 삼각형**
  둔각삼각형 79
  예각삼각형 174
  이등변삼각형 193
  정삼각형 212
  직각삼각형 223

- **여러 가지 사각형**
  대각선 64
  마름모 88

- **다각형**
  내각 52
  다각형 55
  정다각형 209

- **수직과 평행**
  수선 150
  수직 152
  평행선 242
  평행선 사이의 거리 242

측정

- **각도**
  각 16
  각도 18
  둔각 79
  예각 173

- **수의 범위(이상, 이하, 초과, 미만)**
  미만 103
  부등호 116
  이상 194
  이하 196
  초과 233

규칙성

- **규칙 찾기**
- **규칙과 대응**
  규칙 39
  대응 65

확률과 통계

- **막대그래프와 꺾은선그래프**
  꺾은선그래프 48
  막대그래프 92
  물결선 102

초등 5학년 교과 과정에 나오는 용어

수와 연산

● 약수와 배수
공배수 32
공약수 33
배수 112
약수 167
최대공약수 234
최소공배수 235

● 분수의 덧셈과 뺄셈
기약분수 44
약분 166
통분 237

도형

● 직육면체와 정육면체
모서리 94
밑면 106
옆면 172
입체도형 203
정육면체 214
직육면체 226

● 합동과 대칭
대응각 66
대응변 66
대응점 67
대칭 69
대칭의 중심 69
대칭축 70
선대칭도형 140
점대칭도형 207
합동 248
합동인 도형 249

측정

● 평면도형의 둘레와 넓이
넓이 53
높이 54
다각형의 넓이 58
다각형의 둘레 56
단면 60
단위넓이 62
둘레 80
마름모의 넓이 89
사다리꼴의 넓이 133
삼각형의 넓이 137
정사각형의 넓이 212
직사각형의 넓이 225
평행사변형의 넓이 241

확률과 통계

● 가능성과 평균
● 자료의 표현
평균 238

초등 6학년 교과 과정에 나오는 용어

수와 연산

●분수와 소수의 나눗셈
가분수 15
단위분수 63
대분수 65
분모 120
분수 120
분자 121
역수 168
진분수 229

도형

●각기둥과 각뿔
각기둥 17
각뿔 19
사각기둥 129
사각뿔 129
삼각기둥 135
삼각뿔 135
오각기둥 174
육각기둥 191

●원기둥과 원뿔
모선 96
원기둥 179
원뿔 183

●입체도형의 공간감각
겨냥도 25
전개도 205

측정

●원주율과 원의 넓이
원의 넓이 185
원주 187
원주율 188

겉넓이와 부피
겉넓이 24
부피 117
부피와 들이의 관계 118
세제곱미터 142
세제곱센티미터 143
원기둥의 겉넓이 180
원기둥의 부피 181
원기둥의 전개도 182
원뿔의 전개도 184
제곱센티미터 216
직육면체의 겉넓이 227
직육면체의 부피 228

규칙성

●비와 비율
백분율 113
비 122
비율 126
황금비 257

●비례식과 비례배분
비례배분 124
비례식 123

●정비례와 반비례
반비례 108
정비례 210

확률과 통계

●비율그래프
띠그래프 86
비율그래프 127
원그래프 178

중 1학년 교과 과정에 나오는 용어

수와 연산

● **소인수분해**
  - 소수 146
  - 소인수 147
  - 소인수분해 147
  - 합성수 250

● **최대공약수, 최소공배수**
  - 최대공약수 234
  - 최소공배수 235

● **정수와 유리수의 개념, 대소관계, 사칙연산**
  - 결합법칙 26
  - 교환법칙 36
  - 무리수 100
  - 사칙연산 134
  - 양수 167
  - 영 171
  - 유리수 190
  - 음수 192
  - 절댓값 206
  - 정수 213

문자와 식

● **문자의 사용**
  - 계수 29
  - 대입 67
  - 대입법 68
  - 문자를 이용한 식 101

● **식의 값**
● **일차식의 덧셈과 뺄셈**
  - 관계식 34
  - 단항식 59
  - 등식 83
  - 식의 값 163
  - 항 251
  - 항등식 252
  - 해 253

● **일차방정식**
  - 일차방정식 199
  - 방정식 110
  - 방정식을 푼다 111
  - 변수 115
  - 상수 139
  - 상수항 139
  - 차수 232

함수

● **함수의 개념**
  - 일대일대응 198
  - 함수 246
  - 함숫값 247

● **순서쌍과 좌표**
  - 순서쌍 155
  - 좌표 217
  - 좌표축 218
  - 좌표평면 218

● **함수의 그래프**
  - 기울기 45
  - 절편 206

확률과 통계

● **줄기와 잎 그림, 도수분포표, 히스토그램, 도수분포다각형**
  - 계급 28
  - 계급값 28
  - 계급의 크기 29
  - 도수분포다각형 72
  - 변량 114
  - 줄기와 잎 그림 221
  - 히스토그램 259

● **도수분포표에서의 평균**
  - 도수분포표 73

● **상대도수의 분포**
  - 상대도수 138

기하

● **점, 선, 면, 각**
● **점, 직선, 평면 사이의 위치관계**
  - 곡면 30
  - 교선 35
  - 교점 35
  - 중점 222

● **평행선의 성질**
  - 동위각 78
  - 맞꼭지각 91
  - 엇각 168
  - 외각 176
  - 평행 239

● **부채꼴에서 중심각과 호의 관계**
● **부채꼴에서 호의 길이와 넓이**
  - 부채꼴 117
  - 호 254
  - 현 254

● **다면체, 회전체의 성질**
● **입체도형의 겉넓이와 부피**
  - 각뿔대 20
  - 구 37
  - 원뿔대 184
  - 회전체 258

중 2학년 교과 과정에 나오는 용어

수와 연산

- 순환소수
- 유리수와 순환소수의 관계

  근삿값 43
  무한소수 100
  순환소수 156
  실수 164
  유한소수 191

문자와 식

- 지수법칙

  거듭제곱 21
  제곱 215

- 다항식의 덧셈과 뺄셈
- 다항식의 곱셈과 나눗셈

  다항식 59
  동류항 78

- 등식의 변형
- 연립일차방정식

  가감법 14
  소거 144
  연립방정식 169
  이항 197

- 부등식의 성질과 일차부등식
- 연립일차부등식

  부등식 116
  일차부등식 200

함수

- 일차함수의 의미와 그래프
- 일차함수의 활용
- 일차함수와 일차방정식의 관계

  일차방정식 199
  일차함수 201
  일차함수의 그래프 202

확률과 통계

- 경우의 수
- 확률의 뜻과 기본 성질
- 확률의 계산

  경우의 수 27
  연비 170
  확률 256

기하

- 이등변삼각형의 성질
- 삼각형의 외심, 내심
- 사각형의 성질
- 닮은 도형의 성질
- 삼각형의 닮음조건
- 평행선 사이에 있는 선분의 길이와 비
- 닮은 도형의 성질 활용

  닮음 64
  수직이등분선 153
  평행이동 243

차례

ㄱ

가감법	14
가르기	15
가분수	15
각	16
각기둥	17
각도	18
각뿔	19
각뿔대	20
거듭제곱	21
거리	22
검산	23
겉넓이	24
겨냥도	25
결합법칙	26
경우의 수	27
계급	28
계급값	28
계급의 크기	29
계수	29
곡면	30
곧은 선	30
곱	31
곱셈	31
곱셈구구	32
공배수	32
공약수	33
공통분모	33
관계식	34
교선	35
교점	35
교환법칙	36
구	37
구구단	38
굽은 선(곡선)	38
규칙	39
그래프	40
그램	41
그림그래프	42
근삿값	43
기수법	44
기약분수	44
기울기	45
길이	45
길이의 합과 차	46
꺾은선그래프	48
꼭짓점	49

ㄴ

나누기	50
나누어떨어진다	50
나눗셈	51
나머지	51

내각	52
넓이	53
년	53
높이	54

ㄷ

다각형	55
다각형의 넓이	58
다각형의 둘레	56
다항식	59
단면	60
단위넓이	62
단위분수	63
단항식	59
닮음	64
대각선	64
대분수	65
대응	65
대응각	66
대응변	66
대응점	67
대입	67
대입법	68
대칭	69
대칭의 중심	69
대칭축	70
더하기	70
덧셈	71
도수분포다각형	72

도수분포표	73
도형	74
도형 돌리기	75
도형 뒤집기	76
도형 밀기	77
동류항	78
동위각	78
둔각	79
둔각삼각형	79
둘레	80
들이	81
들이의 합과 차	82
등식	83
등호	84
뛰어 세기	85
띠그래프	86

ㄹ

리터	87

ㅁ

마름모	88
마름모의 넓이	89
마방진	90
막대그래프	92
맞꼭지각	91
모서리	94

모선	96	변수	115
모으기	97	보수	115
몫	97	부등식	116
무게	98	부등호	116
무게의 합과 차	99	부채꼴	117
무리수	100	부피	117
무한소수	100	부피와 들이의 관계	118
문자를 이용한 식	101	분류하기	119
물결선	102	분모	120
미만	103	분수	120
미지수	103	분자	121
미터	104	분침	121
밀리리터	105	비	122
밀리미터	105	비례배분	124
밑면	106	비례식	123
		비율	126
		비율그래프	127
		빼기	128
		뺄셈	128

ㅂ

반	107
반비례	108
반지름(원의 반지름)	185
반직선	109
받아내림	109
받아올림	110
방정식	110
방정식을 푼다	111
배수	112
백분율	113
변	113
변량	114

ㅅ

사각기둥	129
사각뿔	129
사각형	130
사건	131
사다리꼴	132
사다리꼴의 넓이	133
사칙연산	134
삼각기둥	135

삼각뿔	135
삼각형	136
삼각형의 넓이	137
상대도수	138
상수	139
상수항	139
선대칭도형	140
선대칭 위치에 있는 도형	141
선분	142
세제곱미터	142
세제곱센티미터	143
센티미터	143
소거	144
소수	145
소수	146
소인수	147
소인수분해	147
수	148
수배열표	149
수선	150
수열	151
수직	152
수직선	153
수직이등분선	153
순서수	154
순서쌍	155
순환소수	156
숫자	157
시각	158
시간	159

시간의 합과 차	160
시침	162
식의 값	163
실수	164
십진법	165

ㅇ

약분	166
약수	167
양수	167
엇각	168
역수	168
연립방정식	169
연비	170
연속하는 수	171
영	171
옆면	172
예각	173
예각삼각형	174
오각기둥	174
오각형	175
외각	176
원	177
원그래프	178
원기둥	179
원기둥의 겉넓이	180
원기둥의 부피	181
원기둥의 전개도	182
원뿔	183

원뿔대	184
원뿔의 전개도	184
원의 넓이	185
원의 반지름	185
원의 중심	186
원의 지름	186
원점	187
원주	187
원주율	188
월	189
유리수	190
유한소수	191
육각기둥	191
육각형	192
음수	192
이등변삼각형	193
이상	194
이진법	195
이하	196
이항	197
일(하루)	197
일대일대응	198
일차방정식	199
일차부등식	200
일차함수	201
일차함수의 그래프	202
입체도형	203

ㅈ

자릿값	204
자연수	204
전개도	205
절댓값	206
절편	206
점대칭도형	207
점대칭의 위치에 있는 도형	208
정다각형	209
정비례	210
정사각형	211
정사각형의 넓이	212
정삼각형	212
정수	213
정육면체	214
제곱	215
제곱미터	216
제곱센티미터	216
좌표	217
좌표축	218
좌표평면	218
주일	220
줄기와 잎 그림	221
중점	222
지름(원의 지름)	186
직각	222
직각삼각형	223
직사각형	224
직사각형의 넓이	225
직선	226
직육면체	226

직육면체의 겉넓이	227
직육면체의 부피	228
진분수	229
집합	230
짝수	231

ㅊ

차	232
차수	232
초과	233
초침	233
최대공약수	234
최소공배수	235

ㅋ

킬로그램	236
킬로미터	236

ㅌ

톤	237
통분	237

ㅍ

평균	238
평면도형	239
평행	239
평행사변형	240
평행사변형의 넓이	241
평행선	242
평행선 사이의 거리	242
평행이동	243
표	244

ㅎ

할푼리	245
함수	246
함숫값	247
합	248
합동	248
합동인 도형	249
합성수	250
항	251
항등식	252
해	253
현	254
호	254
혼합 계산	255
홀수	256
확률	256
황금비	257
회전체	258
히스토그램	259

가감법 加減法 addition and subtraction

연립방정식에서 소거할 미지수의 계수의 절댓값을 같게 한 후 두 방정식을 더하거나 빼서 한 미지수를 소거하여 연립방정식의 해를 구하는 방법

미지수가 2개인 연립방정식, 즉 x, y에 대한 연립방정식을 풀 때 한 미지수를 없애야 한다. 이때 가감법이 가장 많이 사용되는데, x 또는 y의 절댓값을 같게 하기 위해 각 일차방정식에 적당한 수를 곱해 준다. 연립방정식의 풀이 방법에는 가감법과 대입법이 있다.

가감법을 이용하여 연립방정식 풀기

① 두 미지수 중 어느 것을 소거할 것인지 정한다.
② 소거할 미지수의 계수의 절댓값이 같아지도록 각 방정식의 양변에 적당한 수를 곱한다.
③ 소거할 미지수의 계수의 부호가 같으면 빼고, 다르면 더하여 한 미지수를 소거한다.
④ 소거하지 않은 미지수의 값을 구한 뒤 두 방정식 중 간단한 식에 대입하여 다른 미지수의 값을 구한다.

예 가감법을 이용하여 $\begin{cases} x + 2y = 3 & \cdots ㉠ \\ 2x - y = 1 & \cdots ㉡ \end{cases}$ 을 풀어라.

❶ x를 소거하기 위해 ㉠에 2를 곱한다.
$$\begin{cases} x+2y = 3 & \cdots ㉠ \\ 2x-y = 1 & \cdots ㉡ \end{cases} \Rightarrow \begin{cases} 2x+4y = 6 & \cdots ㉢ \\ 2x- y = 1 & \cdots ㉣ \end{cases}$$

❷ ㉢−㉣을 하면 $5y = 5$, 따라서 $y = 1$

❸ $y=1$을 ㉠에 대입하면
$x + 2 \times 1 = 3$
$x + 2 = 3$
$x = 1$

▶ 대입법, 소거, 연립방정식

가르기 split
어떤 수나 양을 둘 이상으로 가르는 것

어떤 수나 양을 둘 또는 셋 등 여러 개의 묶음으로 나누어 놓는 것을 '가르기'라고 한다. 5를 둘로 가르면 1과 4, 2와 3, 3과 2, 4와 1로 가를 수 있고, 셋으로 가르면 1, 1, 3 또는 1, 2, 2와 같이 가를 수 있다.

가르기는 덧셈, 뺄셈뿐 아니라 곱셈, 나눗셈을 할 때에도 이용해.

$8+5=8+(2+3)=(8+2)+3=10+3=13$

$14-6=14-(4+2)=(14-4)-2=10-2=8$

$19 \times 5=(20-1) \times 5=(20 \times 5)-(5 \times 1)=95$

▶ 모으기

가분수 假分數 improper fraction
분자가 분모와 같거나 큰 분수

$\frac{5}{5}, \frac{7}{4}, \frac{10}{3}$ 과 같이 분자와 분모가 같거나, 분자가 분모보다 큰 분수를 '가분수'라고 한다. 가분수는 자연수나 대분수로 나타낼 수 있다.

$$\frac{5}{5}=1$$

$$\frac{7}{4}=1\frac{3}{4}$$

$$\frac{10}{3}=3\frac{1}{3}$$

▶ 대분수, 분수, 진분수

각 角 angle
한 점에서 그은 두 개의 반직선으로 이루어진 도형

한 점에서 두 개의 반직선을 그으면 하나의 도형이 만들어진다. 이 도형을 바로 '각'이라고 한다. 각은 삼각자, 공책 등의 뾰족한 부분에서도 찾을 수 있다.

아래 그림에서 두 반직선 ㄴㄱ과 ㄴㄷ을 '변'이라 하고, 두 반직선이 만나는 점 ㄴ을 '각의 꼭짓점'이라고 한다. 각은 꼭짓점이 항상 가운데에 오도록 각 ㄱㄴㄷ 또는 각 ㄷㄴㄱ으로 읽는다.

▶ 각도, 꼭짓점, 변

각기둥 prism

두 밑면이 서로 평행하고, 합동인 다각형으로 이루어진 기둥 모양의 도형

각기둥의 위아래에 있는 평행한 두 면은 서로 만나지 않는다. 이 평행한 두 면을 밑면이라고 한다. 모든 각기둥의 밑면은 2개이다. 밑면에 수직인 면을 옆면이라 하는데, 각기둥의 옆면은 항상 직사각형이 된다. 각기둥에서 면과 면이 만나는 선을 모서리, 모서리와 모서리가 만나는 점을 꼭짓점, 두 밑면 사이의 거리를 높이라고 한다.

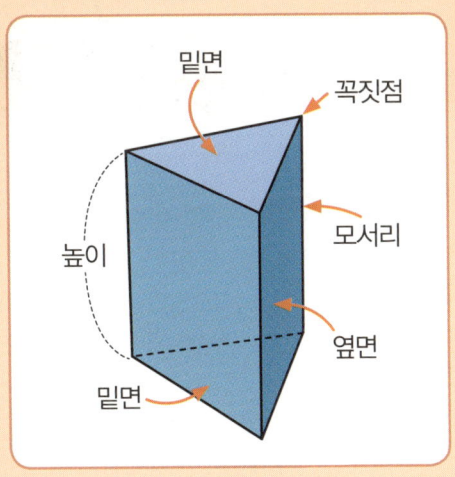

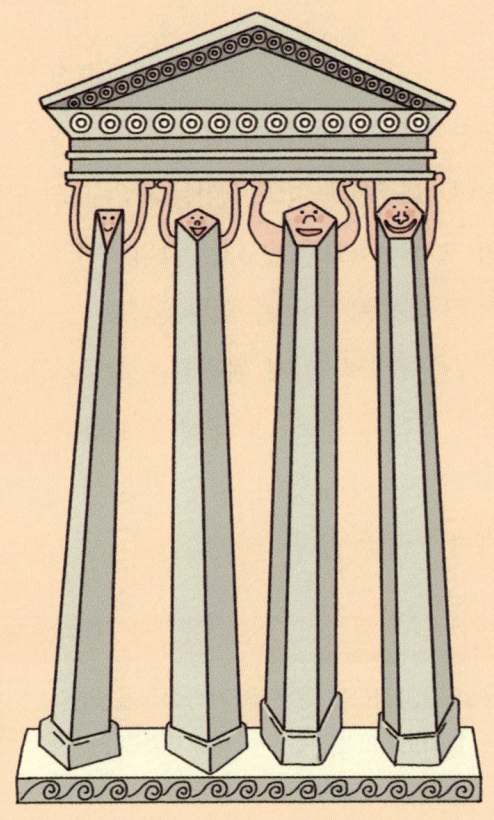

각기둥은 밑면의 모양이 삼각형이면 삼각기둥, 사각형이면 사각기둥, 오각형이면 오각기둥, 육각형이면 육각기둥…이라고 한다. 만약 밑면의 모양이 50각형이면 50각기둥이 된다.

▶ 각뿔, 사각기둥, 삼각기둥, 오각기둥, 육각기둥

각기둥의 공식

- (각기둥의 겉넓이)=(밑면의 넓이)×2+(옆면의 넓이)
- (각기둥의 부피)=(밑면의 넓이)×(높이)
- (각기둥의 면의 수)=(밑면의 변의 수)+2
- (각기둥의 모서리의 수)=(밑면의 변의 수)×3
- (각기둥의 꼭짓점의 수)=(밑면의 변의 수)×2

각도 角度 angle
각의 크기

각도는 각의 두 변이 벌어진 정도를 말한다. 두 변이 많이 벌어질수록 각의 크기가 커지고, 적게 벌어질수록 각의 크기가 작아진다. 이때 변의 길이는 각의 크기와 관계가 없다. 두 각의 크기를 비교를 할 때는 각의 꼭짓점과 한 변을 겹쳐 보면, 더 큰 각을 쉽게 알 수 있다.

각도를 정확히 알기 위해서는 각도기를 이용한다. 각도기의 작은 눈금 한 칸을 1도라 하고, 1°라고 쓴다. 각도기를 이용하면 각도를 쉽게 알 수 있을 뿐만 아니라 원하는 크기의 각을 쉽게 그릴 수 있다.

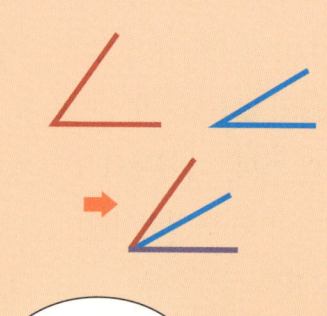

두 변이 더 많이 벌어진 빨간색 각이 더 크구나.

각도를 재는 방법

① 각의 꼭짓점 ㄴ에 각도기의 중심을 맞춘다.
② 각도기의 밑금을 변 ㄴㄷ에 맞춘다.
③ 마지막으로 변 ㄱㄴ이 닿은 눈금을 읽는다.

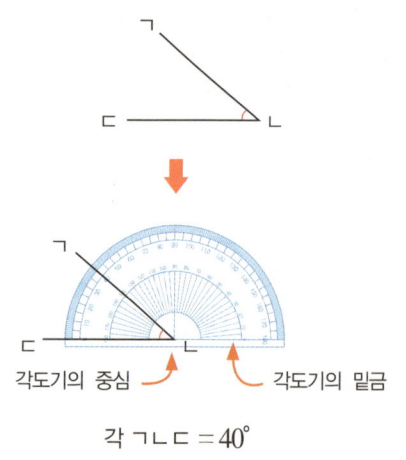

각도기의 중심   각도기의 밑금
각 ㄱㄴㄷ = 40°

60° 각 그리기

① 각의 한 변 ㄴㄷ을 긋는다.

② 각도기의 중심을 각의 꼭짓점이 될 점 ㄷ에 맞추고 각도기의 밑금을 변 ㄴㄷ에 맞춘다.

③ 각도기에서 60°가 되는 눈금 위에 점 ㄱ을 찍는다.

④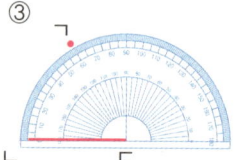

점 ㄷ과 점 ㄱ을 이으면 각도가 60°인 각이 된다.

▶ 각

각뿔 pyramid
밑면이 다각형이고 옆면이 모두 삼각형인 도형

피라미드 모양을 살펴보면 밑면은 사각형이고, 옆면은 삼각형으로 되어 있다. 피라미드와 같이 밑면은 사각형이고, 옆면이 삼각형인 입체도형을 '각뿔'이라고 한다.

각뿔의 밑면은 항상 1개이고, 옆면의 수는 밑면의 변의 수와 같다. 각뿔의 면과 면이 만나는 선분을 모서리, 모서리와 모서리가 만나는 점을 꼭짓점이라고 한다. 꼭짓점 중 옆면을 이루는 모든 삼각형이 만나는 한 점을 '각뿔의 꼭짓점'이라고 한다. 또 각뿔의 꼭짓점에서 밑면에 수직인 선분을 높이라고 한다.

각뿔의 이름도 각기둥처럼 밑면의 모양으로 정해진다. 밑면의 모양이 삼각형이면 삼각뿔, 사각형이면 사각뿔, 오각형이면 오각뿔, 육각형이면 육각뿔…이 된다.

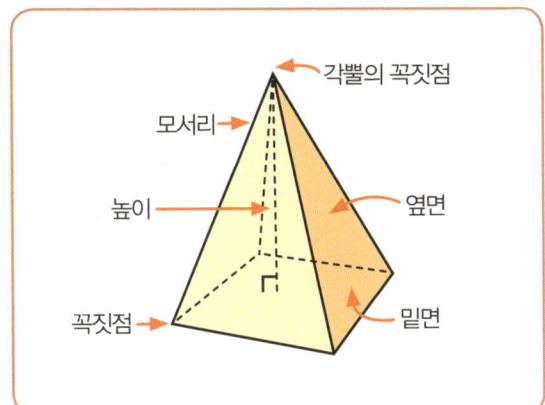

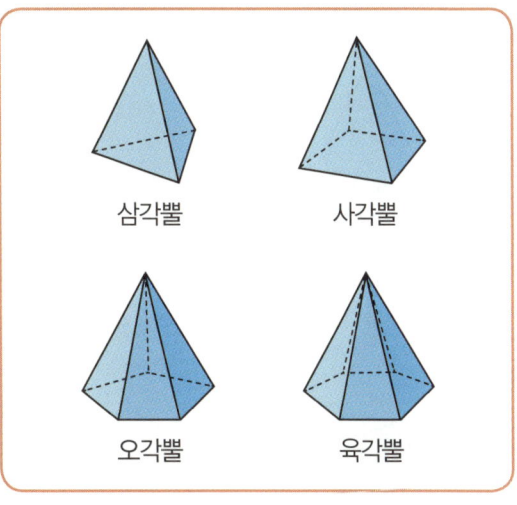

밑면의 모양에 따라 이름이 달라지는군.

▶ 각기둥, 각뿔대, 다각형, 삼각형

각뿔대 frustum of a pyramid

각뿔을 밑면에 평행하게 잘랐을 때, 잘린 부분과 밑면 사이의 부분으로 이루어진 도형

각뿔을 밑면에 평행하게 자른 뒤 아래쪽에 생기는 도형이 각뿔대이다. 각뿔대는 각기둥처럼 밑면이 2개이지만 서로 합동이 아니고, 옆면도 직사각형이 아니다. 각뿔대의 이름 역시 각뿔처럼 밑면에 따라 이름이 정해진다. 예를 들어 각뿔대의 밑면의 모양이 오각형이면 오각뿔대가 된다.

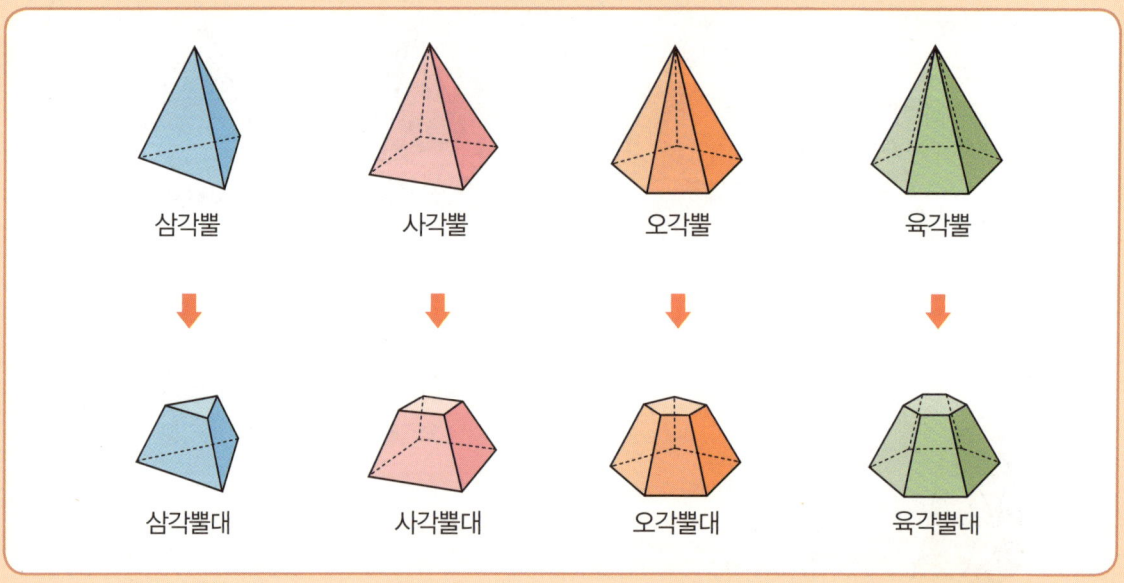

▶ 각뿔

거듭제곱 power
같은 수나 문자를 여러 번 곱하는 것

$5 \times 5 \times 5 \times 5 \times 5 \times 5 \times 5 \times 5 \times 5 \times 5$와 같이 같은 수나 문자를 여러 번 곱한 것을 좀 더 편리하고 명확하게 나타내기 위해서 거듭제곱을 사용한다. 예를 들어 2를 계속해서 3번 곱하는 것은 2^3으로 나타내고, 2의 세제곱이라고 읽는다.

$$2 \times 2 \times 2 = 2^3 = 8$$

1000000000000000와 같이 큰 수를 거듭제곱을 이용하면 간단하게 10^{15}으로 나타낼 수 있다. 거듭제곱은 큰 수를 나타내거나 큰 수를 계산할 때에도 유용하게 쓰인다.

▶ 곱셈

거리 距離 distance
두 점 사이를 잇는 선분의 길이

거리는 두 점을 잇는 곧은 선을 긋고 그 길이를 재면 알 수 있다. 즉 두 점 사이의 가장 짧은 길이가 거리가 된다. 예를 들어 병원과 학교를 잇는 선분을 그어 그 길이를 재면, 병원과 학교 사이의 거리가 된다.

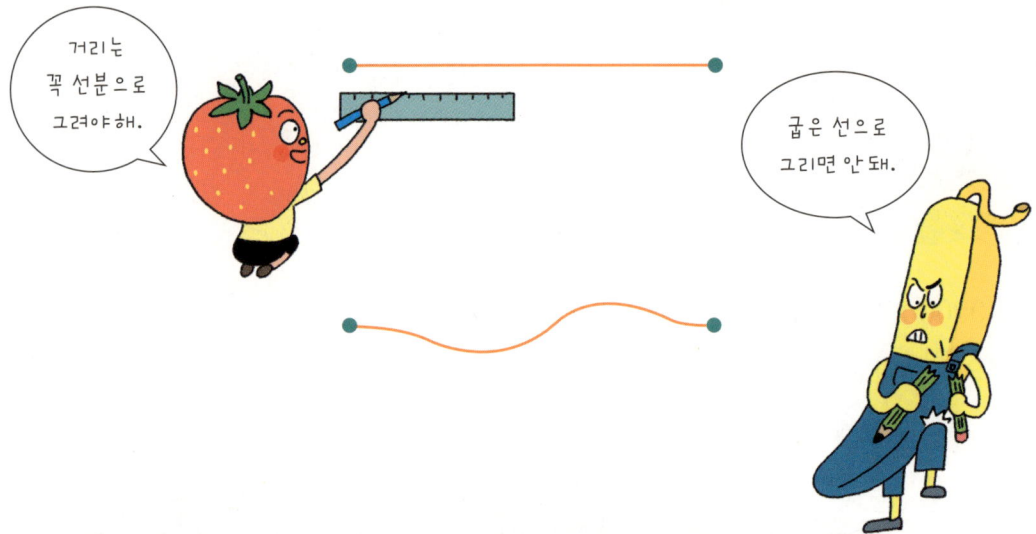

▶ 길이, 선분

검산 檢算 verification of accounts
계산 결과가 옳은지 틀린지를 확인하기 위한 계산

① 덧셈의 검산
   8+3=11
   → 11-3=8, 11-8=3
② 뺄셈의 검산
   17-9=8
   → 8+9=17, 9+8=17
③ 곱셈의 검산
   7×6=42
   → 42÷6=7, 42÷7=6
④ 나눗셈의 검산
   45÷9=5
   → 5×9=45
   63÷9=7
   → 7×9=63

▶ 곱셈, 나눗셈, 덧셈, 뺄셈

겉넓이 surface area
입체도형에서 겉면의 넓이를 모두 합한 값

겉넓이는 입체도형의 바깥쪽에 보이는 모든 면의 넓이를 합한 것이다. 입체도형의 전개도를 그린 뒤, 각 면의 넓이를 합하면 겉넓이를 쉽게 구할 수 있다. 예를 들어 삼각기둥의 경우 옆면이 3개, 밑면이 2개이므로 삼각기둥의 겉넓이는 옆면 3개의 넓이와 밑면 2개의 넓이를 합한 것이 된다.

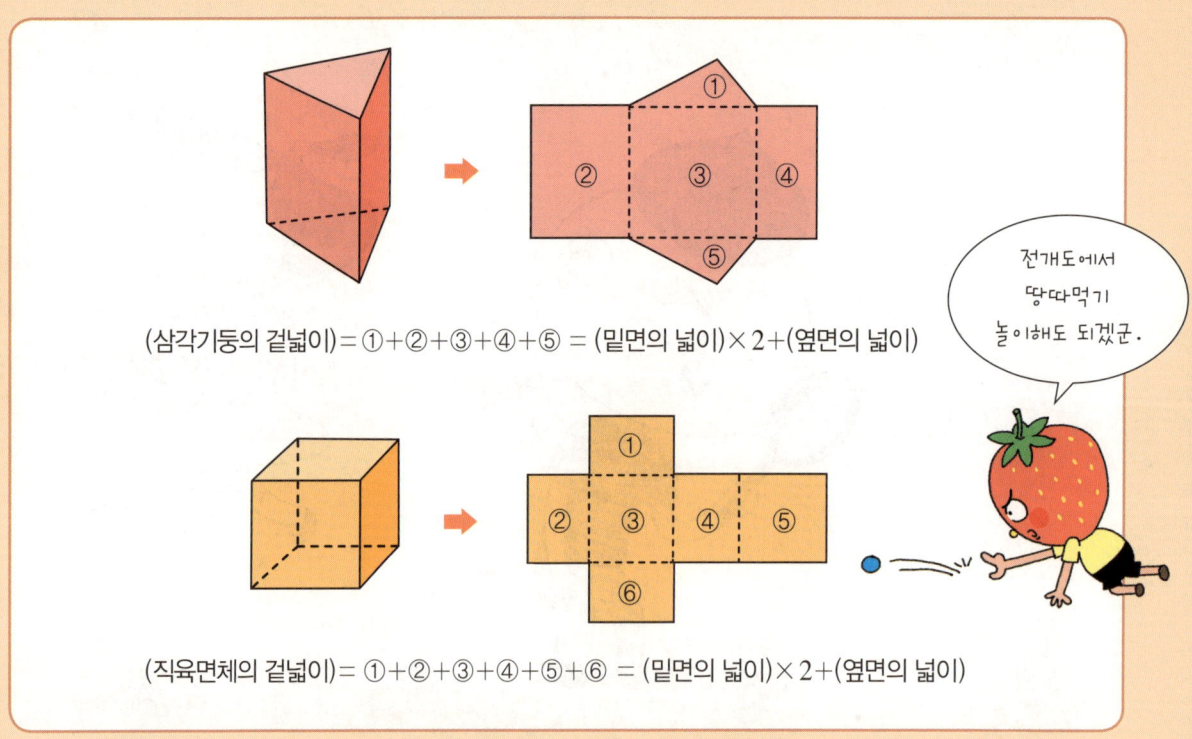

(삼각기둥의 겉넓이) = ①+②+③+④+⑤ = (밑면의 넓이)×2+(옆면의 넓이)

(직육면체의 겉넓이) = ①+②+③+④+⑤+⑥ = (밑면의 넓이)×2+(옆면의 넓이)

▶ 넓이, 전개도

겨냥도 sketch
입체도형을 보고 그 모양을 잘 알 수 있게 실선과 점선으로 나타낸 그림

입체도형의 겨냥도는 보이는 선은 실선(—)을 이용하고 보이지 않는 선은 점선(---)을 이용하여 그린다. 예를 들어 직육면체를 그릴 때 앞에서 보이는 모서리와 밑면은 실선을 이용하여 그리고, 보이지 않는 모서리와 밑면은 점선으로 그린다.

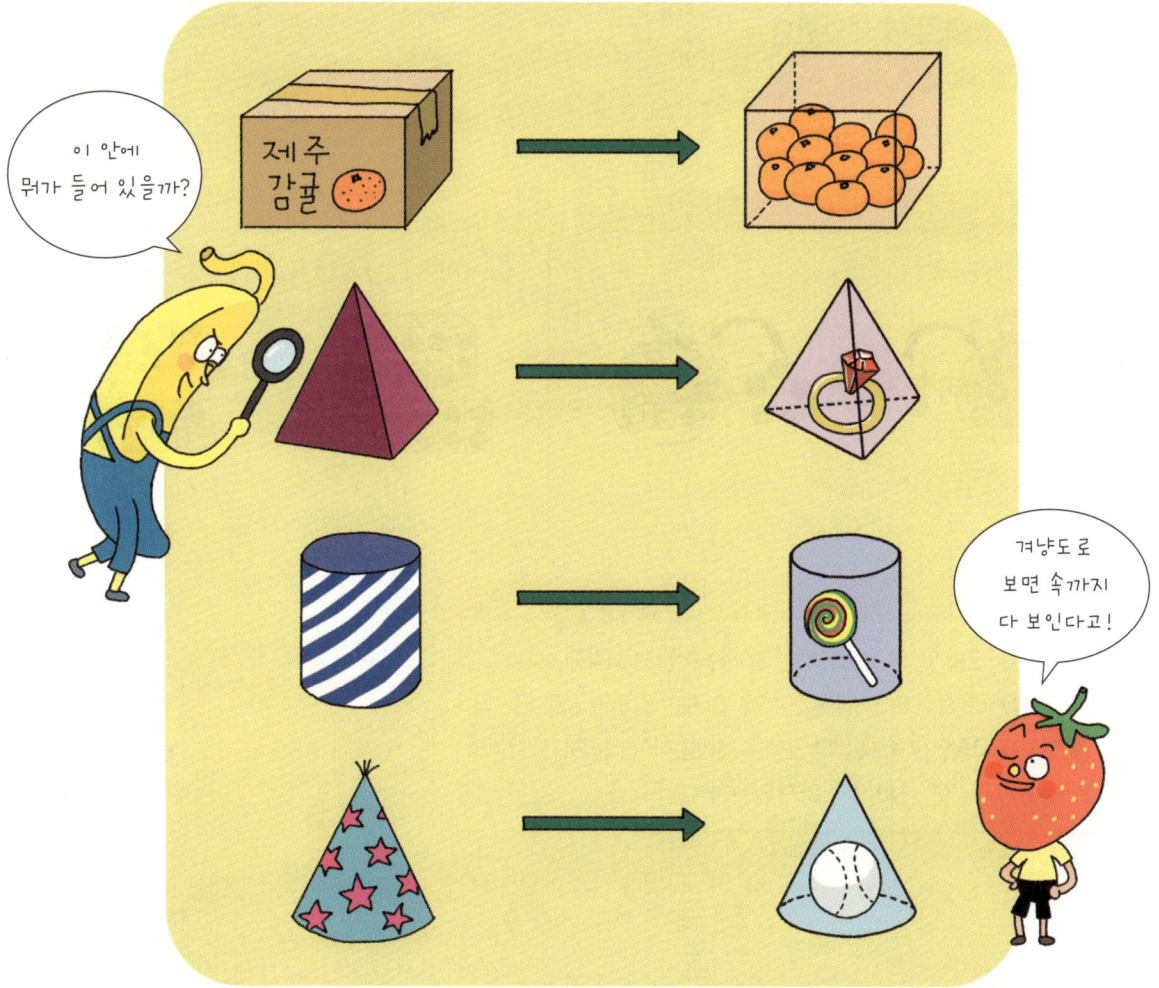

▶ 입체도형, 전개도

결합법칙 結合法則 associative law

세 수 이상의 곱셈이나 덧셈에서 어느 두 수를 묶어 먼저 계산해도 그 계산 결과가 같아진다는 법칙

초록색 사탕 5개, 빨간색 사탕 4개가 담긴 봉지에 노란색 사탕 3개를 담은 결과와 빨간색 사탕 4개, 노란색 사탕 3개가 담긴 봉지에 초록색 사탕 5개를 담은 결과는 같다. 이렇게 덧셈이나 곱셈에서 어떤 순서로 묶어서 계산을 해도 그 결과가 같아지는 '결합법칙'이 성립한다.

덧셈에 대한 결합법칙	곱셈에 대한 결합법칙
$(a+b)+c = a+(b+c)$	$(a \times b) \times c = a \times (b \times c)$

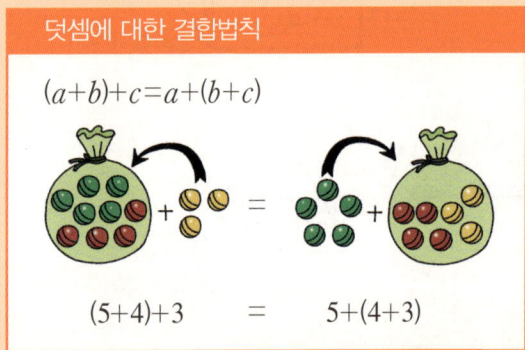

$(5+4)+3 = 5+(4+3)$

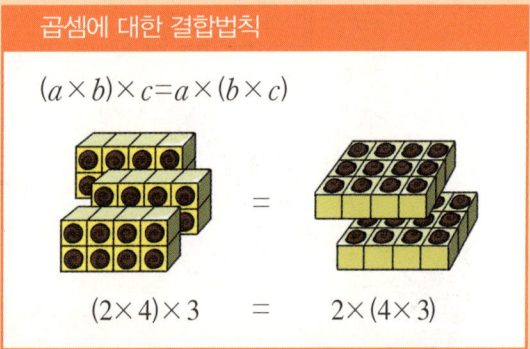

$(2 \times 4) \times 3 = 2 \times (4 \times 3)$

뺄셈에 대한 결합법칙은 성립할까?

$(7-4)-2$와 $7-(4-2)$의 계산 결과는 어떨지 생각해 보자. $(7-4)-2=1$이고, $7-(4-2)=5$로 그 계산 결과가 서로 다르다. 이렇게 사칙연산 중 덧셈과 곱셈은 결합법칙이 성립하고, 뺄셈과 나눗셈은 결합법칙이 성립하지 않는다.

▶ 교환법칙, 분배법칙

경우의 수 境遇—數 number of cases
일어날 수 있는 모든 사건의 가짓수

축구 시합에서 먼저 공격할 팀을 정할 때 동전 던지기로 정한다. 동전을 던질 때 앞면 또는 뒷면의 두 가지 경우가 나온다. 친구들과 가위바위보를 할 때, 내가 낼 수 있는 경우의 수는 가위, 바위, 보로 3이다. 이렇게 어떤 행동에 따라 일어날 수 있는 사건은 여러 가지인데 이런 사건의 가짓수를 '경우의 수'라고 한다.

주사위 한 개를 던졌을 때 짝수의 눈이 나오는 경우의 수는 3이야.

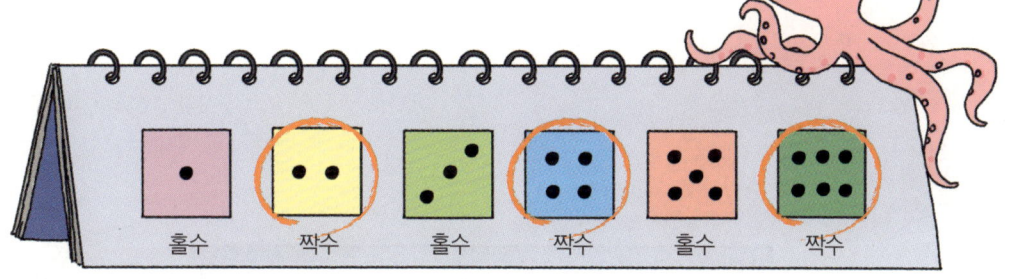

(주사위 1개를 던졌을 때, 나올 수 있는 경우의 수) = 6

VS

(주사위 1개를 던졌을 때, 짝수의 눈이 나오는 경우의 수) = 3

뒷면 앞면

(동전 한 개를 던졌을 때, 앞면이 나오는 경우의 수) = 1

▶ 사건, 확률

ㄱ

계급 階級 rank
도수분포표에서 변량을 일정한 간격으로 나눈 구간

도수분포표를 만들 때에는 수집한 자료를 수량으로 나타낸 변량을 적당한 개수의 계급으로 나눈다. 보통 10개 이내의 계급으로 나누는데, 변량의 가장 큰 값과 가장 작은 값이 반드시 포함되도록 계급을 정한다.

계급값
도수분포표에서 계급을 대표하는 값으로 각 계급의 가운데 값

도수분포표에서 계급값은 각 계급에 있는 양 끝값의 중앙값이 된다.

$$(\text{계급값}) = \frac{(\text{계급의 양 끝값의 합})}{2}$$

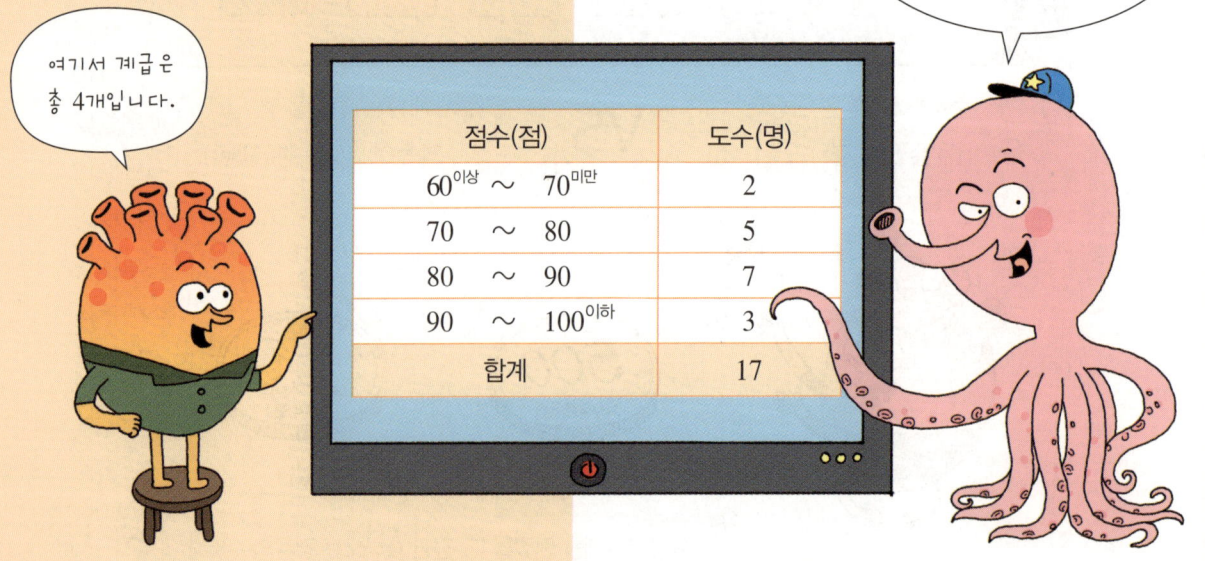

여기서 계급은 총 4개입니다.

60점 이상 70점 미만 계급의 중간값인 65점이 계급값이 되는 거닷! 또 계급의 크기는 10점이지!

점수(점)	도수(명)
60^{이상} ~ 70^{미만}	2
70 ~ 80	5
80 ~ 90	7
90 ~ 100^{이하}	3
합계	17

▶ 계급값, 도수분포표, 변량   ▶ 계급

계급의 크기
도수분포표에서 계급의 양 끝값의 차

도수분포표에서 계급의 크기가 작을수록 계급의 수는 많아지고, 계급의 크기가 클수록 계급의 수는 적어지므로 적당한 수의 계급이 나오도록 계급의 크기를 정해야 한다.

계급, 계급값, 계급의 크기 구하기

⟨A모둠 학생의 수학 점수⟩

점수(점)	도수(명)
60^{이상} ~ 70^{미만}	2
70 ~ 80	5
80 ~ 90	7
90 ~ 100^{이하}	3
합계	17

▶ 계급은 60점 이상 70점 미만, 70점 이상 80점 미만, 80점 이상 90점 미만, 90점 이상 100점 이하로 4개이다.

▶ 계급 60점 이상 70점 미만의 계급값은
$$\frac{60+70}{2} = 65(점)$$

▶ 계급의 크기는
(70점−60점)=(80점−70점)
=(90점−80점)=(100점−90점)
=10점

▶ 계급, 계급값, 도수분포표

계수 係數 coefficient
문자를 포함한 항에서 문자에 곱해진 수

다항식은 항의 합으로 이루어진 식이므로 뺄셈으로 된 식은 덧셈으로 바꿔 계수를 알아본다.

계수 구하기

$4x^2-2x+3$에서 x^2과 x의 계수는 다음과 같다.

x^2의 계수	x의 계수
4	−2

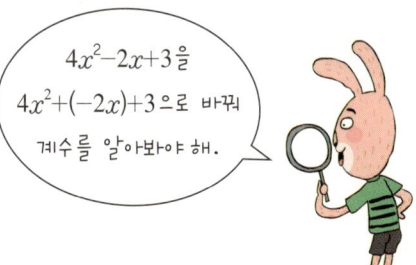

$4x^2-2x+3$을 $4x^2+(-2x)+3$으로 바꿔 계수를 알아봐야 해.

▶ 상수항, 항

곡면 曲面 curved surface
구부러진 면

평평한 면이 아닌 구부러진 면을 '곡면'이라고 한다. 입체도형에서는 원기둥과 원뿔의 옆면이 곡면이다. 주변 건물을 살펴보면, 한옥 기와 지붕처럼 곡면으로 이루어진 것을 흔히 볼 수 있다.

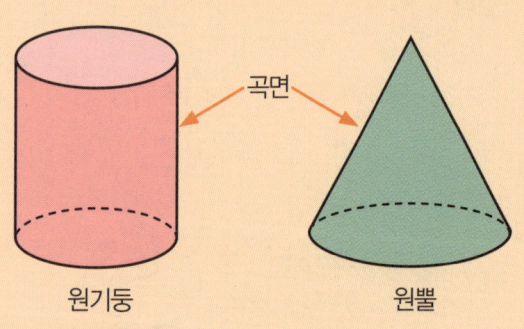
원기둥   원뿔

곡면으로 이루어진 기와

▶ 원기둥, 원뿔, 입체도형

곧은 선 straight line
곧게 뻗은 선

반듯하게 곧게 뻗은 선을 '곧은 선'이라 한다. 곧은 선은 자를 이용하면 쉽게 그을 수 있고, 그 길이를 잴 수도 있다.

▶ 길이, 직선

곱 multiple
어떤 수나 양을 몇 번 이상 합하는 것

같은 수를 반복해서 합해야 하는 상황에서 곱을 사용한다. 예를 들어 사탕 4개씩 5봉지에 들어 있는 사탕 수는 4×5만큼이다.

4×5
➡ $4+4+4+4+4$
➡ 4씩 5묶음
➡ 4의 5배

▶ 곱셈, 곱셈구구

곱셈 multiplication
곱하는 계산

곱하여 나타낸 계산을 '곱셈'이라 하고, 곱셈은 '×' 기호를 사용하여 나타낸다.

· $24 \times 6 = 24+24+24+24+24+24$
    $= 144$

· $24 \times 6 = (20+4) \times 6$
    $= 20 \times 6 + 4 \times 6$
    $= 120 + 24$
    $= 144$

$$\begin{array}{r} 2\,4 \\ \times \quad 6 \\ \hline 2\,4 \quad \cdots 4 \times 6 \\ 1\,2\,0 \quad \cdots 20 \times 6 \\ \hline 1\,4\,4 \quad \cdots 24+120 \end{array}$$

▶ 곱, 곱셈구구

곱셈구구 multiplication table
1부터 9까지의 두 수를 서로 곱하여 그 값을 나타낸 것

곱셈구구는 1부터 9까지의 수 중 두 수를 서로 곱한 값으로, 구구단의 다른 표현이다.

▶ 곱, 곱셈

공배수 公倍數 common multiple
둘 이상의 자연수들의 공통인 배수

어떤 수들의 공배수는 각 수의 배수 중에서 공통인 배수를 말한다.

6과 9의 공배수 구하기

6의 배수 : 6, 12, 18, 24, 30, 36 …
9의 배수 : 9, 18, 27, 36, 45 …
➡ 6과 9의 공배수 : 18, 36 …

▶ 배수, 최소공배수

공약수 公約數 common divisor

둘 이상의 자연수들의 공통인 약수

어떤 수들의 공약수는 각 수의 약수 중에서 공통인 약수를 말한다.

12과 15의 공약수 구하기

12의 약수 : 1, 2, 3, 4, 6, 12
15의 약수 : 1, 3, 5, 15
➡ 12와 15의 공약수 : 1, 3

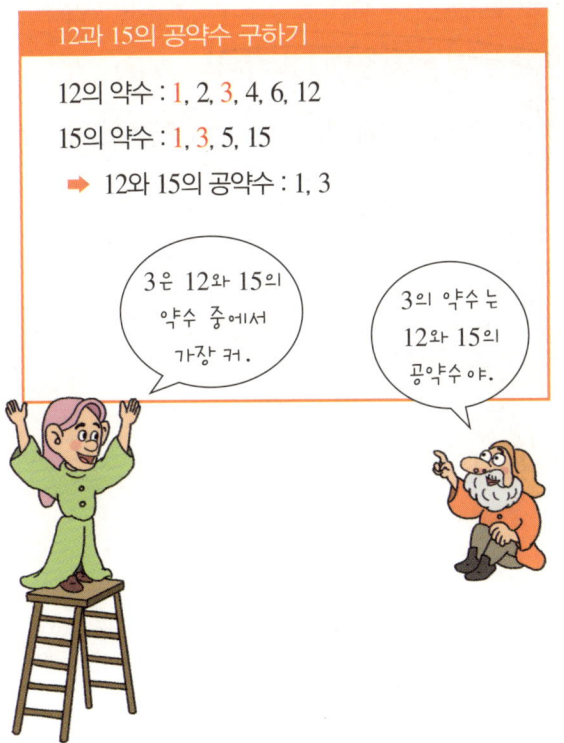

▶ 약수, 최대공약수

공통분모 共通分母 common denominator

둘 이상의 분수에서 분모를 같게 하였을 때의 분모값

둘 이상의 분수에서 크기가 변하지 않게 분모를 같게 하였을 때 그 분모를 '공통분모'라고 한다. 분모가 다른 분수의 분모를 같게 하면, 두 분수의 크기 비교를 하거나 분수의 덧셈, 뺄셈을 하기에 편리하다.

$\frac{3}{4}$과 $\frac{4}{5}$의 크기 비교

분모 4와 5의 최소공배수인 20을 공통분모로 하여 분수를 나타내면 $\frac{3}{4} = \frac{15}{20}$와 $\frac{4}{5} = \frac{16}{20}$ 이 된다.
분모가 같으므로 분자의 크기를 비교하면, 15<16이므로 $\frac{3}{4} < \frac{4}{5}$이다.

▶ 통분

관계식 關係式
두 수 사이의 일정한 변화를 찾아 나타낸 식

두 수 또는 두 양 사이에 일정한 변화가 있을 때, 우리는 어떤 관계가 있는지 말로 표현할 수 있지만, 조금 더 간단하고 쉽게 이해하기 위해 식으로 나타내는데 이것을 '관계식'이라고 한다. 관계식은 함수에서 많이 쓰인다.

▲는 ★보다 3 크므로 관계식으로 나타내면 ▲=★+3이다.

자동차의 수와 바퀴의 수 사이의 관계식 구하기

바퀴가 4개인 자동차 수와 바퀴 수 사이의 관계를 표로 나타낸다.

자동차 수(대)	1	2	3	4	…
바퀴 수(개)	4	8	12	16	…

▶ 자동차 수의 4배는 바퀴의 수가 된다. 자동차 수 x(대)와 바퀴 수 y(개)의 관계를 식으로 나타내면
$4 \times x = y$, 즉 $y = 4 \times x$

▶ 함수

교선 交線 line of intersection
두 면이 만날 때 서로 만나는 점을 이은 선

평면과 평면이 만나는 경우 교선은 직선이 되고, 평면과 곡면이 만나면 교선은 직선이 될 수도, 곡선이 될 수도 있다.

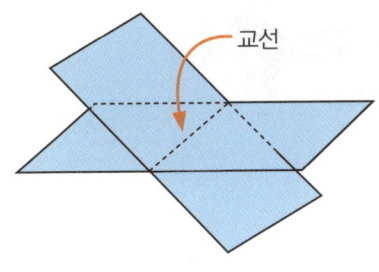

평면과 평면이 만날 때

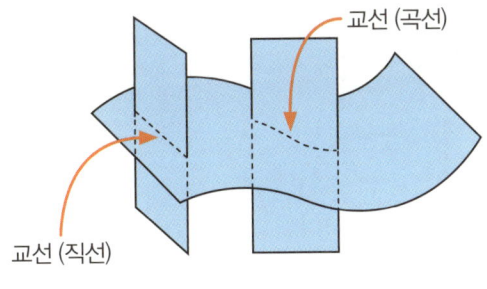

평면과 곡면이 만날 때

▶ 교점

교점 交點 point of intersection
선과 선, 면과 선이 만나 생긴 점

선과 선이 만나거나 선과 면이 만나면 점이 생기는 데 이를 '교점'이라고 한다. 직선과 직선이 만날 때 교점은 1개이지만, 직선과 곡선이 만나면 1개 또는 여러 개의 교점이 생길 수 있다.

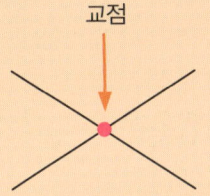

직선과 직선이 만날 때

직선과 곡선이 만날 때

이건 직선과 곡면이 만나는 경우야.

평면과 직선이 만날 때

▶ 교선

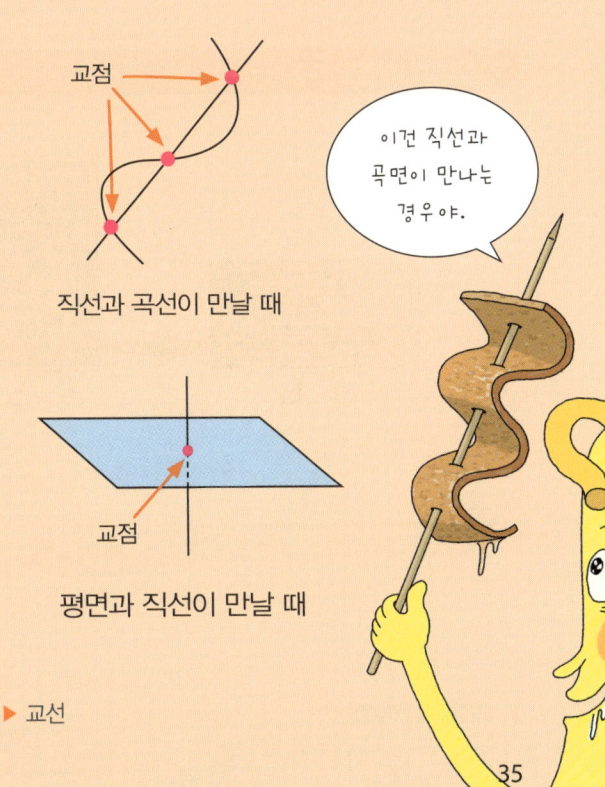

교환법칙 交換法則 commutative law

순서를 바꾸어 계산해도 그 계산 결과가 같으면 성립하는 법칙

덧셈이나 곱셈에서 그 수들의 자리를 바꾸어 계산해도 결과가 같다. 따라서 덧셈과 곱셈은 교환법칙이 성립한다.

덧셈에 대한 교환법칙

$(a+b)=(b+a)$

$5+3=3+5$

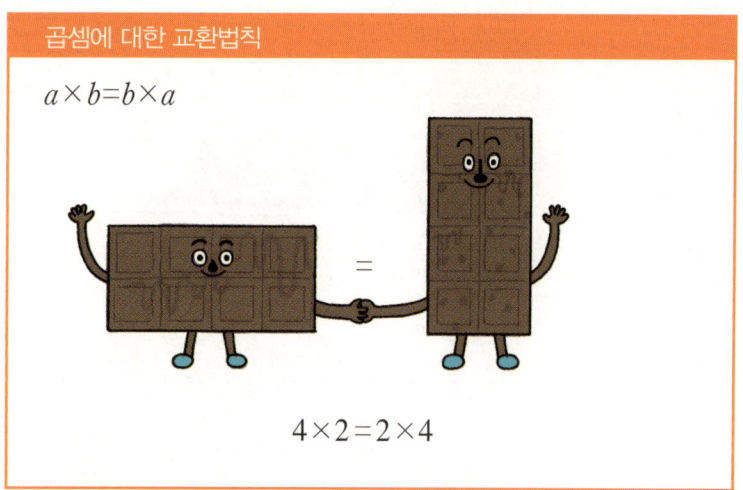

곱셈에 대한 교환법칙

$a \times b = b \times a$

$4 \times 2 = 2 \times 4$

▶ 결합법칙, 분배법칙

구 球 sphere
반원의 지름을 회전축으로 하여 1회전 한 회전체

탁구공, 농구공, 야구공과 같은 공 모양을 '구'라고 부른다. 구는 반원을 1회전하면 생긴다. 이때 반원의 중심이 구의 중심이 되고, 반원의 반지름은 구의 반지름이 된다.

> **구의 성질**
> · 구의 반지름의 2배가 구의 지름이 된다.
> · 구의 지름은 항상 구의 중심을 지난다.

구는 어떤 방향으로 잘라도, 크기는 다르지만 그 단면의 모양은 모두 원이다.

▶ 원, 회전체

구구단 multiplication table

1에서 9까지의 두 수를 서로 곱하여 그 값을 나타낸 것

구구단은 곱셈구구의 다른 표현이다. 구구단이라는 명칭은 옛날 귀족들이 서민들은 곱셈을 어렵게 여기도록 하여 귀족들만의 특권의식을 갖기 위해서 구구팔십일부터 거꾸로 암기하는 데서 유래됐다고 한다.

▶ 곱셈, 곱셈구구

굽은 선 (곡선) curve

구부러진 선

구불구불 구부러진 선을 '굽은 선' 또는 '곡선'이라고 한다.

▶ 곧은 선, 직선

규칙 規則 pattern, rule
일정하게 반복되는 질서

아침, 점심, 저녁은 차례로 되풀이된다. 봄, 여름, 가을, 겨울 또한 되풀이된다. 봄이 지나면 여름에 일어날 여러 가지 일들, 즉 여름옷을 준비하거나 장마와 무더위를 준비하게 된다. 되풀이되는 규칙을 알아봄으로써 다음에 어떤 것이 올지 예상하고, 그에 따른 변화에 대응할 수 있다.

수학에서는 어떤 모양, 색, 수 등의 규칙을 알아봄으로써 다음에 어떤 것이 나올지 예측할 수 있다.

▶ 뛰어 세기

ㄱ

그래프 graph
자료의 값을 한눈에 알아볼 수 있도록 그림, 막대, 직선 등을 이용하여 나타낸 것

자료의 수가 많거나 자료가 복잡해지면 자료를 표로 비교하기 쉽지 않다. 이럴때 그래프를 이용하면 자료의 수량을 한눈에 비교하기 쉬워진다.
그래프에는 꺾은선그래프, 막대그래프, 띠그래프, 그림그래프, 줄기와 잎 그림, 원그래프, 좌표평면 위에 나타낸 함수 그래프 등이 있다.

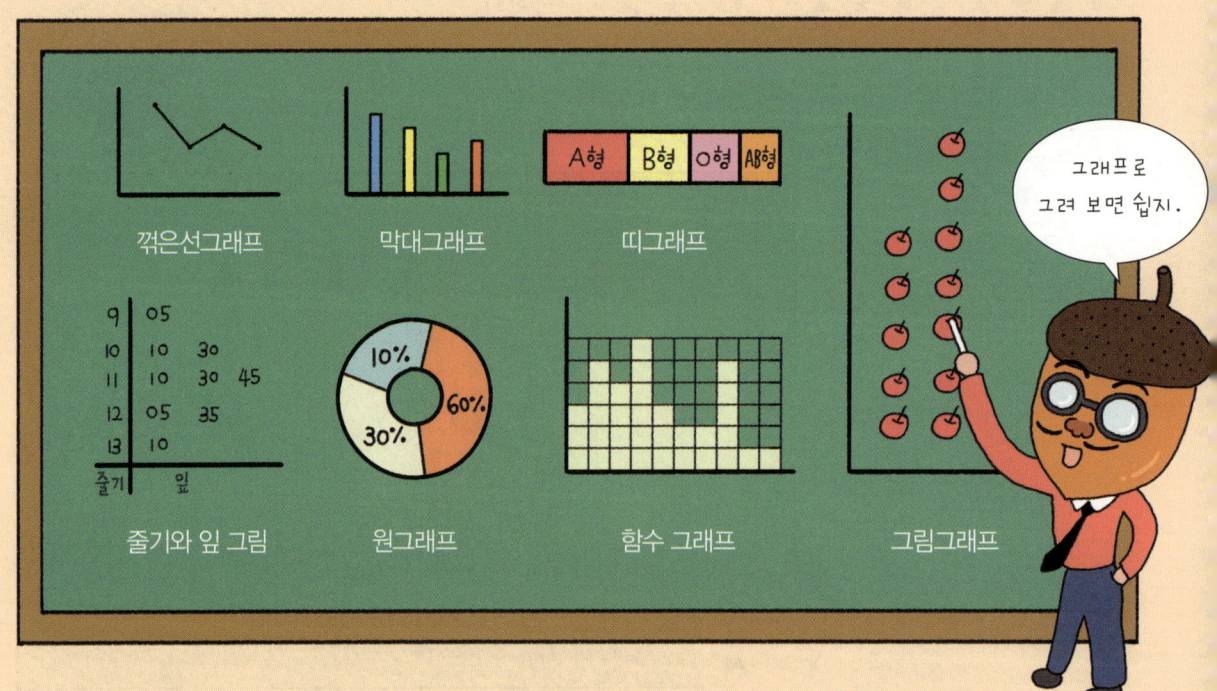

▶ 그림그래프, 꺾은선그래프, 띠그래프, 막대그래프, 원그래프, 줄기와 잎 그림, 함수

그램 gram
단위 기호로 g를 사용하는 무게의 단위

g(그램)은 kg(킬로그램)의 $\frac{1}{1000}$의 무게이다. g은 작은 무게라는 뜻의 gramma의 첫 글자에서 따온 말이다. 무게가 적게 나가는 물건의 무게를 나타내는 단위로 주로 쓰인다.

▶ 무게, 킬로그램

그림그래프
조사한 수를 그림으로 나타낸 그래프

조사한 수를 가장 쉽게 나타낼 수 있는 그래프 중 하나가 그림그래프이다. 조사한 내용에 알맞은 그림으로 나타내는 그래프로 각 수량이 무엇을 나타내는지와 수량의 많고 적음도 쉽게 알 수 있다. 그림그래프를 그릴 때에는 그림의 크기를 다르게 해서 수량을 정할 수 있다.

그림그래프 해석하기

〈공장별 자동차 생산량〉

공장	생산량
A	🚗🚗🚙🚙🚙🚙
B	🚗🚙🚙🚙🚙🚙🚙
C	🚗🚗🚗🚗🚗🚙

🚗 : 10대   🚙 : 1대

- A공장의 생산량 : 24대
- B공장의 생산량 : 17대
- C공장의 생산량 : 41대

표를 그림그래프로 나타내기

〈아이스크림 판매량〉

(단위 : 개)

요일	월	화	수	목	금
판매량	20	35	45	30	25

그림그래프는 다음과 같은 순서로 그릴 수 있다.
① 단위량을 알맞게 정한다.
　☞ 10개 단위와 5개 단위
② 단위량에 알맞은 그림을 정한다.
　☞ 🍦 : 10개   ☞ 🍨 : 5개
③ 각 수량에 알맞은 그림을 그려서 그림그래프를 완성한다.
④ 그림그래프에 알맞은 제목을 붙인다.

〈요일별 아이스크림 판매량〉

요일	판매량
월	🍦🍦
화	🍦🍦🍦🍨
수	🍦🍦🍦🍦🍨
목	🍦🍦🍦
금	🍦🍦🍨

🍦 : 10개   🍨 : 5개

▶ 그래프

근삿값
참값에 가까운 값

물건의 길이, 무게, 부피 등 측정하여 얻은 여러 가지 값은 어떤 양의 실제의 값이 아니라 측정한 기계의 눈금에 나온 값을 어림잡아 읽은 값이다. 또 반올림하여 얻은 값과 같이 간단한 수를 나타내기 위해 어림한 수도 '근삿값'이라고 한다. 근삿값에서 참값을 뺀 값을 오차라고 한다.

참값	우리 반 학생 수 물건의 개수
근삿값	키, 몸무게 물건의 길이 오늘 최고 기온

기수법 記數法 numeral system
숫자를 사용해서 수를 나타내는 방법

기수법은 수를 나타내는 방법으로 예전부터 나라마다 또는 사용하는 경우에 따라 여러 가지 방법으로 나타내었다. 기수법은 몇 개의 숫자를 사용했느냐에 따라 이진법, 오진법…과 같이 부른다. 지금 사용하는 기수법은 0, 1, 2, 3, 4, 5, 6, 7, 8, 9의 10개의 숫자를 사용하는 십진법이다. 그러나 컴퓨터와 같이 간단한 표기 체계가 필요한 분야에서는 2진법도 유용하게 사용되고 있고, 시간을 나타낼 때에는 60진법이 이용되고 있다.

▶ 십진법

기약분수 旣約分數 irreducible fraction
분모와 분자의 공약수가 1뿐인 분수

기약분수는 분모와 분자가 더 이상 약분이 되지 않는 분수를 말한다. 예를 들어 $\frac{16}{24}$을 분자, 분모의 공약수인 2로 나누면 $\frac{8}{12}$, 다시 $\frac{8}{12}$을 분자, 분모의 공약수인 2로 나누면 $\frac{4}{6}$, 다시 $\frac{4}{6}$를 분자, 분모의 공약수인 2로 나누면 $\frac{2}{3}$가 된다. $\frac{2}{3}$의 분자, 분모의 공약수는 1뿐이므로 $\frac{2}{3}$는 기약분수가 된다.

$$\frac{16}{24} = \frac{16 \div 2}{24 \div 2} = \frac{8}{12}$$

$$\frac{8}{12} = \frac{8 \div 2}{12 \div 2} = \frac{4}{6}$$

$$\frac{4}{6} = \frac{4 \div 2}{6 \div 2} = \frac{2}{3}$$

이때 분모와 분자를 분모와 분자의 최대공약수로 약분을 하면, 더 이상 약분할 수 없는 기약분수로 쉽게 나타낼 수 있다.
24와 16의 최대공약수는 8이므로
$\frac{16}{24} = \frac{16 \div 8}{24 \div 8} = \frac{2}{3}$로 나타낼 수 있다.

▶ 약분

기울기 gradient

함수의 그래프에서 x값의 증가에 따라 y값이 증가하는 비율

$y=a\times x$ 또는 $y=a\times x+b$의 꼴로 주어진 함수의 그래프는 좌표평면 위에서 직선으로 나타내어진다. 이때 x의 값이 1만큼 증가할 때, y의 값이 a만큼 증가하면 그래프의 기울기를 a라고 한다. 기울기가 클수록 그래프의 모양은 가파른 직선이 되고, 기울기가 작을수록 그래프의 모양은 완만한 직선이 된다.

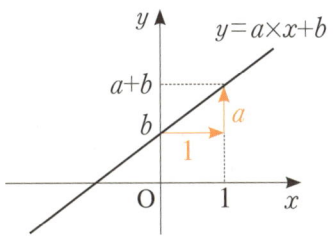

$$(\text{기울기}) = \frac{(y\text{의 값의 증가량})}{(x\text{의 값의 증가량})}$$

일차함수의 그래프에서 x 값의 증가량에 대한 y 값의 증가량의 비율은 항상 일정하며, 일차함수 $y=a\times x+b$에서 기울기는 a와 같다.

▶ 그래프, 일차함수, 함수

길이 length

한쪽 끝에서 다른 쪽 끝까지의 거리

물건의 한쪽 끝에서 다른 쪽 끝까지의 거리를 선분을 그어 그 길이를 잰다. 이 선분의 긴 정도가 길이이다. 연필의 한쪽 끝을 자의 눈금 0에 맞추고 다른 쪽 끝이 가리키는 눈금을 찾아본다. 그 눈금이 연필의 길이가 된다. 길이의 단위는 mm(밀리미터), cm(센티미터), m(미터), km(킬로미터) 등이 있다.

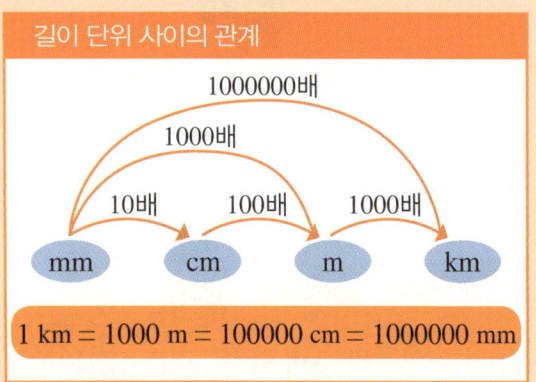

▶ 미터, 밀리미터

길이의 합과 차

같은 길이 단위끼리 더하거나 뺀 값

수의 덧셈과 뺄셈에서 같은 자리끼리 더하거나 빼듯이 길이의 합과 차는 mm 단위끼리, cm 단위끼리, m 단위끼리, km 단위끼리 더하거나 뺀다.

길이의 합

cm와 mm의 합은 cm 단위끼리, mm 단위끼리 더한다. mm 단위끼리의 합이 10과 같거나 10보다 크면, 10 mm를 1 cm로 받아올림하여 계산한다.

km와 m의 합은 km 단위끼리, m 단위끼리 더한다. m 단위끼리의 합이 1000과 같거나 1000보다 크면, 1000 m를 1 km로 받아올림하여 계산한다.

길이의 차

cm와 mm의 차는 cm 단위끼리, mm 단위끼리 뺀다. mm 단위끼리 뺄 수 없을 때는 1 cm를 10 mm로 받아내림하여 계산한다.

km와 m의 차를 구하는 방법은 cm와 mm의 차를 구하는 방법과 같다. m 단위끼리, km 단위끼리 빼고, m 단위끼리 뺄 수 없을 때는 1 km를 1000 m로 받아내림하여 계산한다.

➕ 하나 더

자가 없을 때는 길이를 어떻게 재었을까? 옛날에는 길이를 잴 때 사람의 몸을 이용했다고 한다. 손가락을 쫙 펴서 뼘으로 재기도 하고, 발걸음 등을 이용해 재기도 했다. 그러나 사람마다 뼘의 크기나 발 길이가 달라 길이가 들쭉날쭉했다.

▶ 길이, 넓이, 들이

꺾은선그래프

연속적으로 변화하는 양을 점으로 찍고, 그 점들을 선분으로 연결하여 그린 그래프

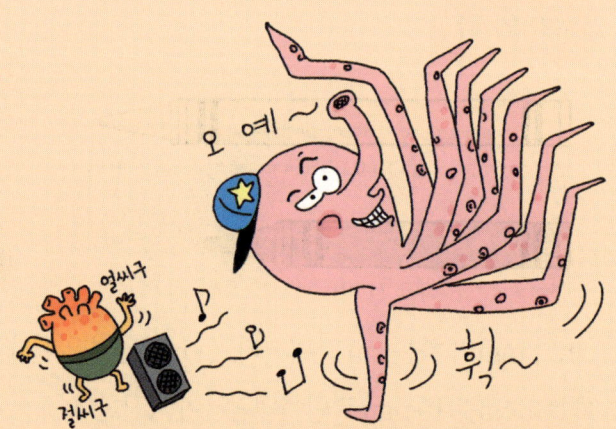

꺾은선그래프는 점을 찍은 뒤, 점을 선분으로 이어서 나타낸 그래프로 선분의 기울어진 정도를 따라 변화하는 모양을 쉽게 알 수 있다. 그래프의 모양이 ╱이면 수량이 늘어나는 것이고, ╲이면 수량이 줄어든 것이다. 꺾은선그래프를 보고, 다음 사실을 알 수 있다.

① 가로 눈금, 세로 눈금이 나타내는 것
② 가장 큰 값과 가장 작은 값
③ 변화가 심한 것과 변화가 없는 것
④ 중간값 예상하기
⑤ 자료와 변화에 따라 앞으로 변화될 모양을 예상하기

> **꺾은선그래프 그리기**
>
> ① 가로 눈금과 세로 눈금을 무엇으로 할지 정한다.
>   · 가로 눈금 : 월
>   · 세로 눈금 : 강수량
> ② 세로 눈금 한 칸의 크기를 정한다.
>   · 세로 눈금 한 칸의 크기 : 1 mm
> ③ 가로 눈금과 세로 눈금이 만나는 자리에 조사한 내용을 점으로 찍는다.
> ④ 점들을 선분으로 연결한다.
> ⑤ 꺾은선그래프의 제목을 쓴다.
>   · 월별 강수량
>
>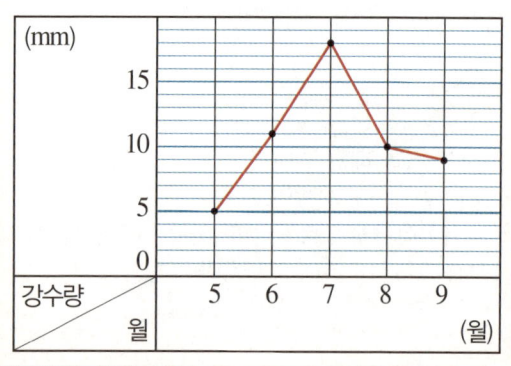

▶ 그래프, 물결선

꼭짓점 vertex
두 개 이상의 직선이 만나서 이루는 점

삼각형, 사각형, 오각형과 같은 평면도형에서는 변과 변이 만나는 것을 '꼭짓점'이라 하고, 각기둥, 각뿔과 같은 입체도형에서는 모서리와 모서리가 만나는 점을 꼭짓점이라고 한다.

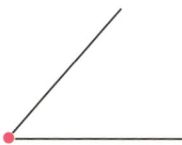 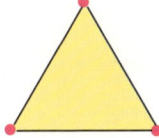 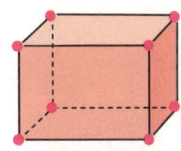

다각형의 꼭짓점의 수는 변의 수와 같다.

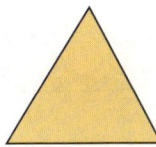 삼각형 3개    사각형 4개    오각형 5개

각기둥의 꼭짓점의 수는 밑면의 변의 수의 2배와 같다.

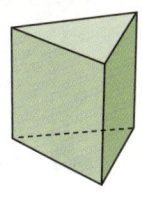 삼각기둥 $3 \times 2 = 6$(개)   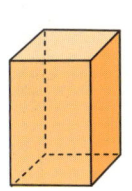 사각기둥 $4 \times 2 = 8$(개)   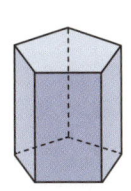 오각기둥 $5 \times 2 = 10$(개)

각뿔의 꼭짓점의 수는 밑면의 변의 수와 각뿔의 꼭짓점의 수 1을 더한 것과 같다.

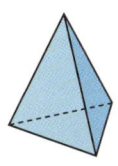 삼각뿔 $3 + 1 = 4$(개)   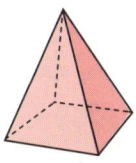 사각뿔 $4 + 1 = 5$(개)   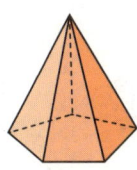 오각뿔 $5 + 1 = 6$(개)

▶ 모서리, 변

나누기 divide

어떤 것을 둘 이상의 같은 크기로 똑같이 가르는 것

나누기의 방법에는 '똑같이 나누기'와 '똑같이 묶어 덜어내기'가 있다.

똑같이 나누기

12송이의 장미꽃을 4개의 꽃병에 똑같이 나누어 꽂으면 12÷4=3, 한 꽃병에 3송이씩 꽂을 수 있다.

똑같이 묶어 덜어내기

12송이의 장미꽃을 3송이씩 한 묶음으로 묶어 덜어 내면 12-3-3-3-3=0 ☞ 12÷3=4, 즉 3송이씩 4묶음으로 묶을 수 있다.

▶ 나눗셈

나누어떨어진다 divisible

자연수끼리 나눗셈을 하여 몫이 자연수일 때 나머지가 0이 되는 것

9÷3=3과 같이 자연수끼리 나눗셈을 하여 몫이 자연수인 3이고, 나머지는 0이므로 9는 3으로 '나누어떨어진다'라고 한다. 또 9를 2로 나눌 경우 9÷2=4…1과 같이 몫은 4이고 나머지는 1이므로 나누어떨어지지 않는다.

귤 9개를 2명이 나누어 먹으면 4개씩 먹고 1개가 남지. 즉 9는 2로 나누어떨어지지 않아.

▶ 나눗셈, 나머지, 몫

나눗셈 division

나누는 계산

두 수 중 앞의 수에서 뒤의 수를 나눈 결과를 구하는 계산이다. '÷' 기호를 사용하여 나타낸다.

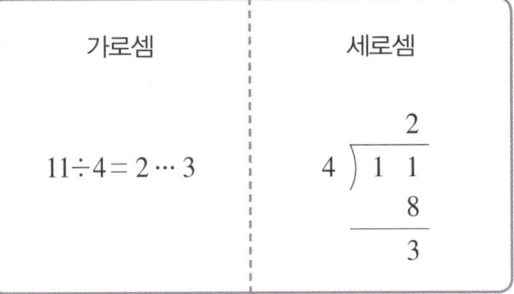

곱셈은 계산 순서를 바꾸어도 그 결과가 같지만, 나눗셈은 계산 순서를 바꾸면 결과가 달라진다. 따라서 나눗셈은 앞에서부터 차례로 계산해야 한다.

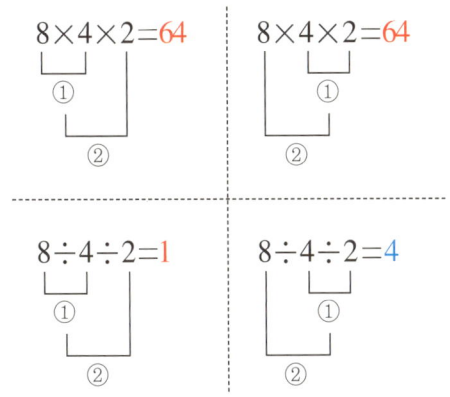

▶ 나머지, 몫

나머지 remainder

자연수끼리 나눗셈을 하여 몫이 자연수일 때 남은 수

14를 4로 나누면 몫이 3이고 2가 남는다. 이때 남은 2를 나머지라고 한다.

$$14 \div 4 = 3 \cdots 2$$

나눠지는 수　나누는 수　몫　나머지

▶ 나눗셈, 몫

내각 內角 internal angle
다각형의 안쪽에 있는 각

내각은 다각형의 안쪽에서 변과 변이 만나 이루는 각이다. 삼각형은 3개, 사각형은 4개, 오각형은 5개의 내각이 있다. 그렇다면, 다각형의 내각의 합은 얼마일까? 먼저, 삼각형의 내각의 합을 알아보자. 삼각형의 내각을 모아 보면 일직선에 놓인다. 따라서 삼각형의 내각의 합(세 각의 합)은 $180°$이다. 이번에는 사각형의 내각의 합을 알아보자. 사각형은 삼각형 2개로 나눌 수 있다. 삼각형의 내각의 합은 $180°$이므로 사각형의 내각의 합은 $180° + 180° = 360°$가 된다.
이렇게 다각형의 내각의 크기의 합은 삼각형으로 나눈 개수에 $180°$를 곱하면 된다.

내각을 붙이면 일직선에 놓이네!

이렇게 잘라서

사각형	오각형	육각형
삼각형의 개수 : 2개	삼각형의 개수 : 3개	삼각형의 개수 : 4개
$180° \times 2 = 360°$	$180° \times 3 = 540°$	$180° \times 4 = 720°$

(다각형의 내각의 크기의 합) = (나누어진 삼각형의 수) $\times 180°$

▶ 각, 외각

넓이 area
물건, 장소, 도형 등의 평평한 면의 크기

창문의 크기, 서울의 크기, 삼각형의 크기 등, 평평한 면의 크기가 바로 넓이다. 넓이의 단위는 cm^2, m^2, a, ha, km^2를 사용한다.

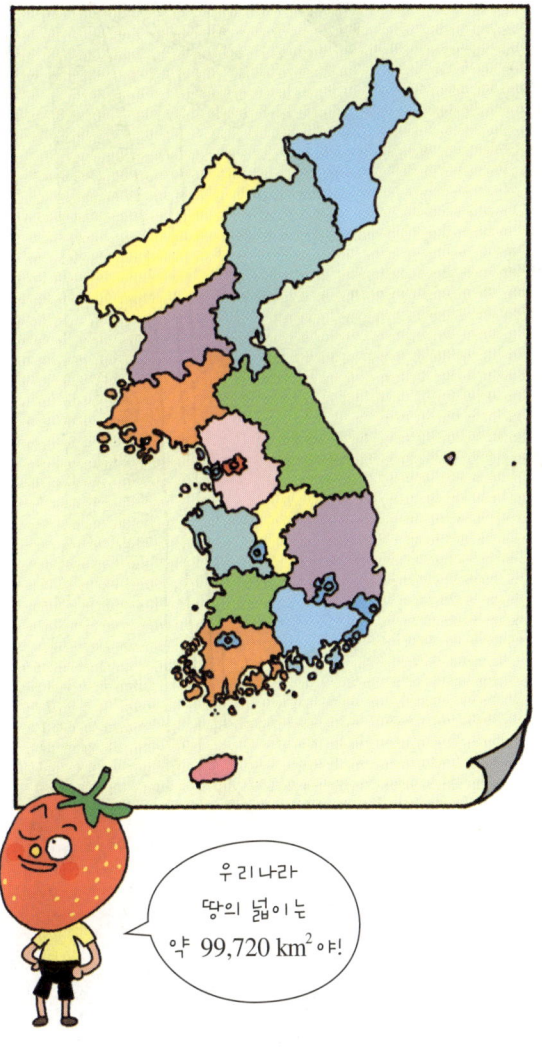

우리나라 땅의 넓이는 약 99,720 km^2야!

▶ 다각형의 넓이, 다각형의 둘레

년 年 year
지구가 태양 주위를 한 바퀴 도는 데 걸리는 시간

1년은 지구가 태양 주위를 한 바퀴 도는 데 걸리는 시간이다. 지구가 태양을 한 바퀴 돌려면 365일이 조금 더 걸린다. 그래서 1년은 365일이라 하고, 4년마다 2월에 하루를 더한다. 그래서 그 해만 1년이 366일이 된다.

넌 영원한 내 단짝이야!

▶ 월, 주일

높이 height
꼭대기에서 바닥까지의 수직 거리

예를 들어 냉장고의 높이를 재어 보면 바닥에서 가장 위 꼭대기까지의 거리가 높이가 된다. 도형도 마찬가지로 가장 위와 가장 바닥까지의 거리를 반듯하게 그은 수선의 길이가 높이가 된다.

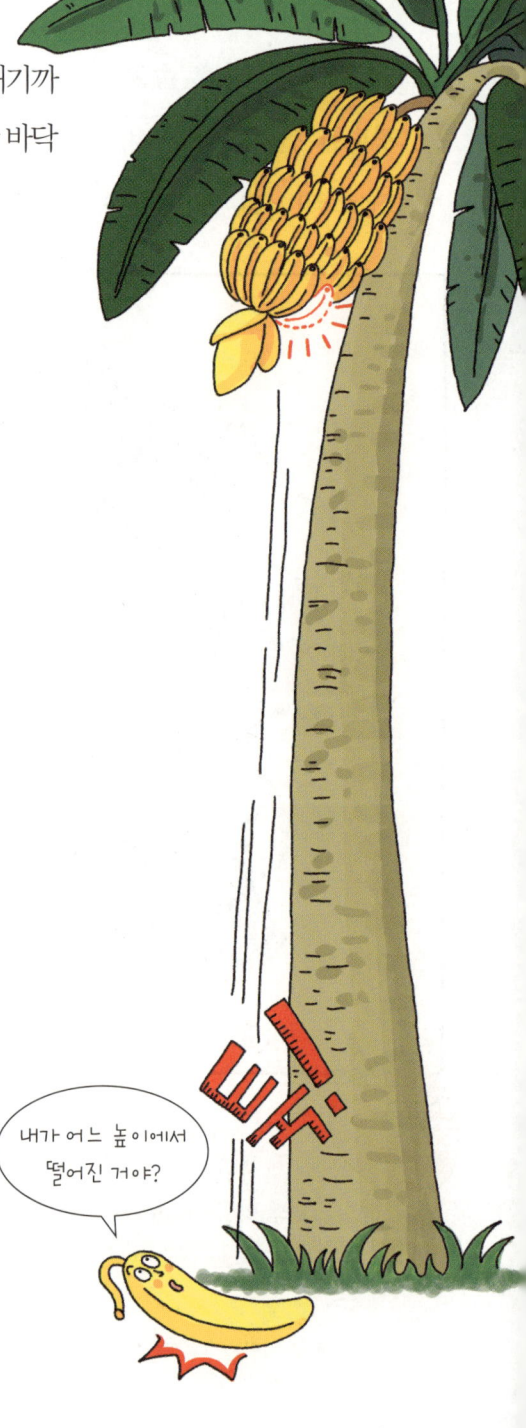

▶ 길이, 넓이

다각형 多角形 polygon
세 개 이상의 선분으로 둘러싸인 평면도형

다각형의 이름은 변의 수에 따라 정해진다. 변이 3개면 삼각형, 변이 4개면 사각형, 변이 5개면 오각형, 변이 6개면 육각형… 등이 된다. 만약 변이 100개면 백각형이 된다. 다각형은 변의 수와 각의 수, 꼭짓점의 수가 모두 같다.

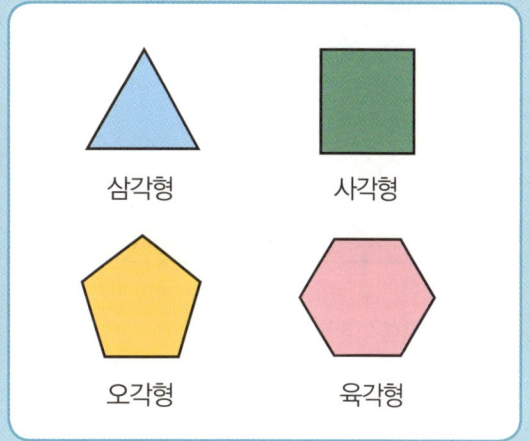

▶ 사각형, 삼각형, 오각형, 평면도형

다각형의 둘레

다각형의 모든 변의 길이를 더한 값

평면도형의 둘레는 각 변의 길이를 합하여 구한다.

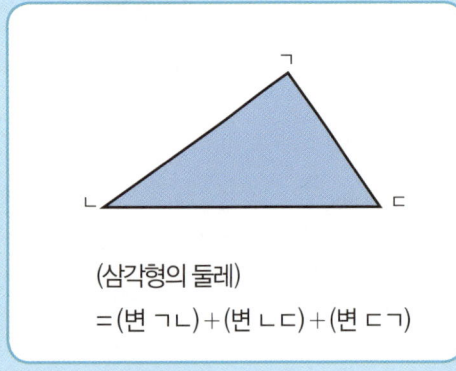

(삼각형의 둘레)
= (변 ㄱㄴ) + (변 ㄴㄷ) + (변 ㄷㄱ)

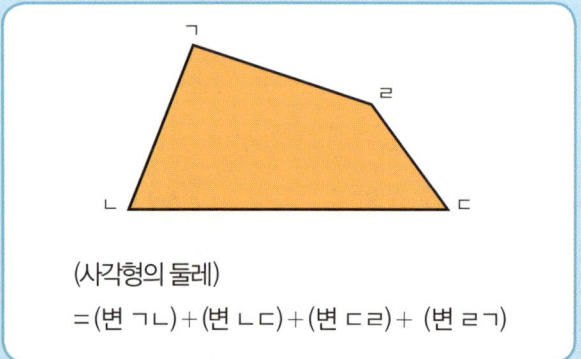

(사각형의 둘레)
= (변 ㄱㄴ) + (변 ㄴㄷ) + (변 ㄷㄹ) + (변 ㄹㄱ)

이때 정다각형의 변의 길이는 모두 같으므로 변의 길이에 변의 수를 곱하면 된다.

정다각형의 둘레 구하는 공식

- (정다각형의 둘레) = (한 변) × (변의 수)
- (정삼각형의 둘레) = (한 변) × 3
- (정사각형의 둘레) = (한 변) × 4
- (정오각형의 둘레) = (한 변) × 5

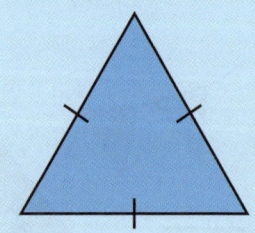

어떤 사각형의 둘레는 사각형의 성질을 이용하면 좀 더 간단하게 구할 수 있다.
직사각형(평행사변형)은 마주 보는 두 변의 길이가 모두 같다. 따라서 둘레는 가로(한 변)와 세로(다른 한 변)를 더한 뒤 2배를 하면 된다. 마름모는 정사각형과 같이 네 변의 길이가 모두 같다. 따라서 둘레는 한 변에 4배를 하면 된다.

(직사각형의 둘레) = {(가로) + (세로)} × 2

(평행사변형의 둘레) = {(한 변) + (다른 한 변)} × 2

(마름모의 둘레) = (한 변) × 4

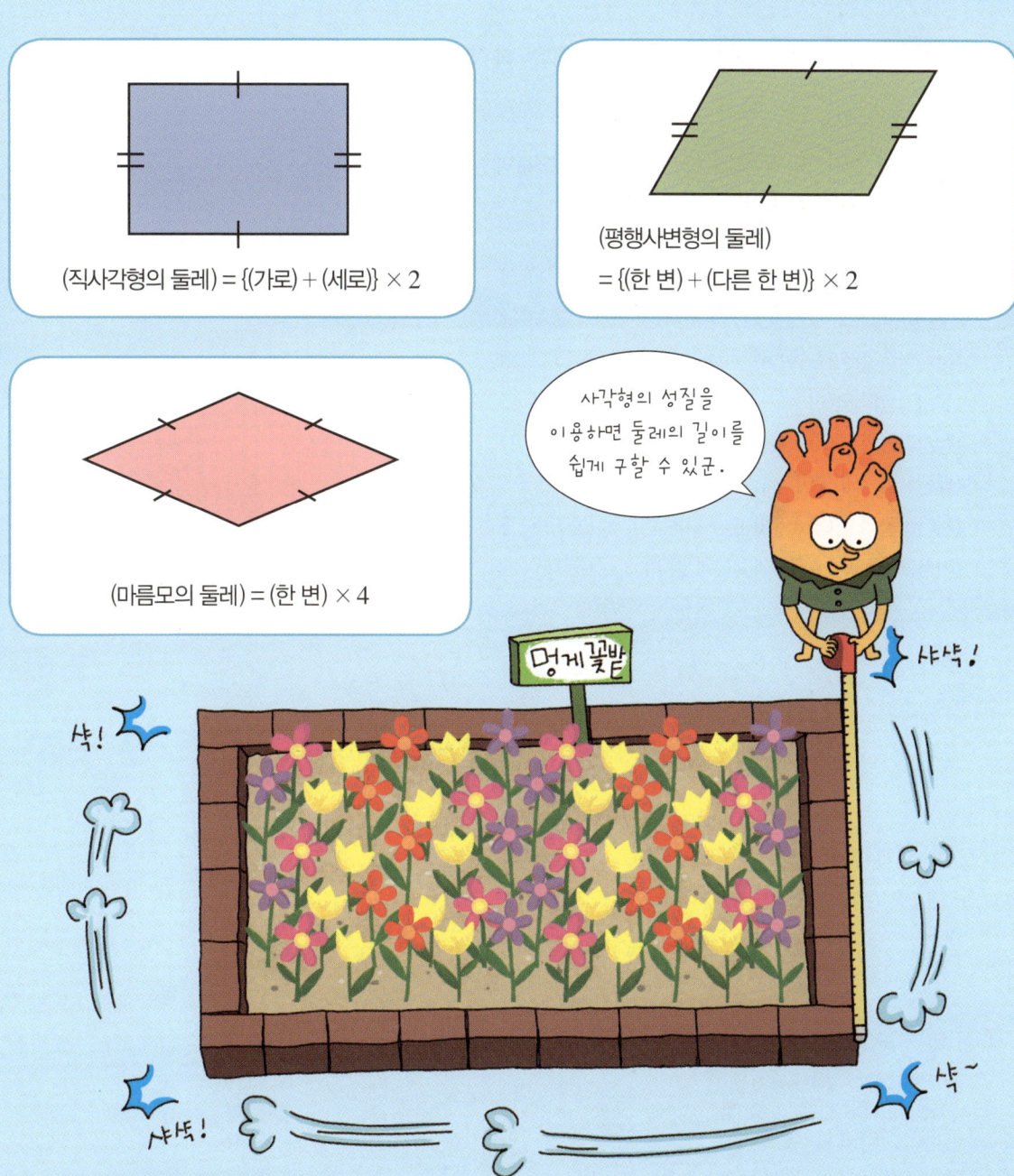

▶ 다각형, 사각형, 삼각형, 정다각형

다각형의 넓이
다각형의 선분으로 둘러싸인 평면의 크기

어떤 물건이나 도형의 넓이를 알고자 할 때는 다각형의 넓이를 이용하면 된다. 삼각형이나 사각형의 넓이는 공식을 이용해 구할 수 있으며, 다각형의 넓이를 비교할 때에는 단위넓이를 이용해 비교할 수 있다.

> **다각형의 넓이 구하는 공식**
> - (삼각형의 넓이) = (밑변) × (높이) ÷ 2
> - (직사각형의 넓이) = (가로) × (세로)
> - (정사각형의 넓이) = (한 변의 길이) × (한 변의 길이)
> - (평행사변형의 넓이) = (밑변) × (높이)
> - (사다리꼴의 넓이) = {(윗변) + (아랫변)} × (높이) ÷ 2
> - (마름모의 넓이) = (한 대각선의 길이) × (다른 대각선의 길이) ÷ 2

▶ 다각형, 단위넓이, 마름모, 사각형, 사다리꼴, 삼각형, 평행사변형

다항식 多項式 polynomial

한 개 이상의 항의 합 또는 차로 이루어진 식

문자가 있는 식에서 수 또는 수와 문자의 곱으로 이루어진 것을 '항'이라고 한다. 이러한 항의 합 또는 차, 즉 항의 덧셈 또는 뺄셈의 꼴로 이루어진 식을 '다항식'이라고 한다.

예를 들어 $3+5x$, $x^2+\frac{1}{2}x-5$와 같이 한 개 이상의 항의 합 또는 차로 이루어진 식을 말한다.

또한 문자가 있는 식을 다항식, 분수식, 무리식 등으로 구분할 수 있다.

단항식 單項式 monomial

하나의 항으로 이루어진 식

수 또는 수와 문자의 곱으로 이루어진 $2a$, $-x$, 5 등을 '항'이라고 한다. 이처럼 하나의 항으로만 이루어진 식을 '단항식'이라고 한다. 따라서 단항식은 항이 하나인 다항식이라고 할 수 있다.

▶ 계수, 단항식, 차수, 항

▶ 계수, 다항식, 차수, 항

단면 斷面 section

입체도형을 평면으로 잘랐을 때 생기는 면

위와 아래에 있는 면이 서로 평행이고 합동인 다각형으로 이루어진 입체도형을 '각기둥'이라고 한다. 각기둥이나 원기둥을 위에서 아래로 반듯하게 자르면 그 단면은 항상 직사각형이다.

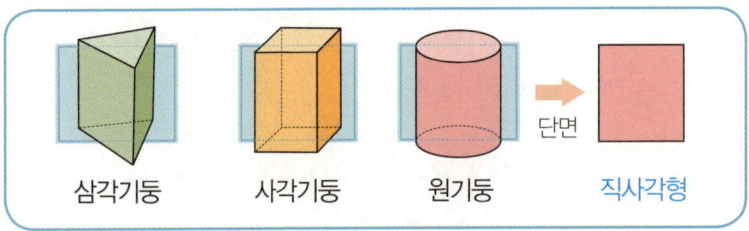

밑면이 다각형인 뿔 모양의 입체도형을 '각뿔'이라고 한다. 각뿔이나 원뿔을 위에서 아래로 반듯하게 자르면 그 단면은 항상 삼각형이다.

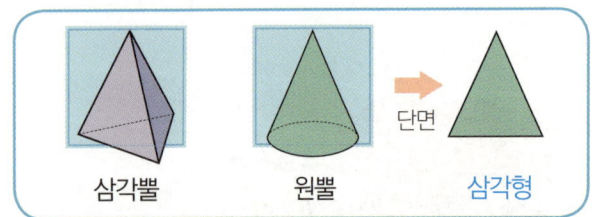

또 각기둥과 각뿔, 원기둥, 원뿔의 경우 밑면과 평행하게 자르면 그 단면은 밑면과 같은 모양이다.

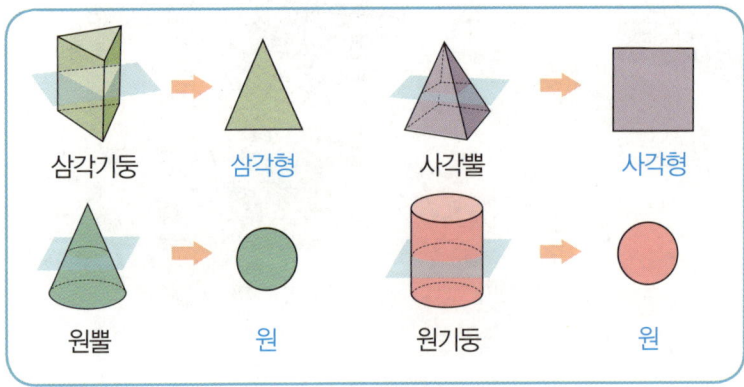

구는 다른 입체도형과 달리 어느 방향으로 잘라도 크기는 다르지만 같은 모양의 단면이 나온다. 즉 구는 어느 방향으로 잘라도 그 단면은 항상 원이다.

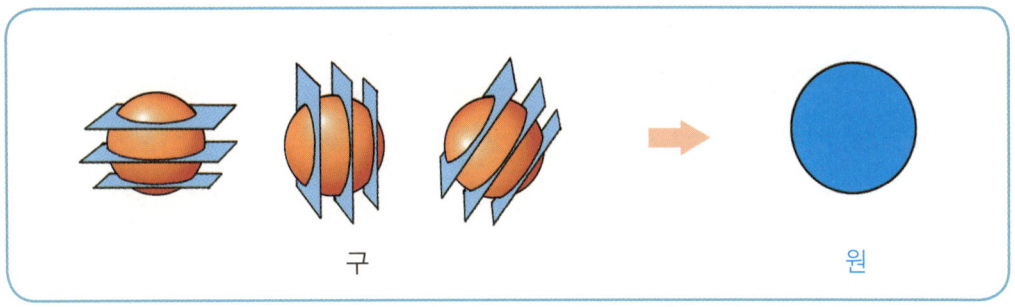

구　　　　　　　　　　　원

안이 비어 있는 회전체의 단면을 잘라 보면 그림처럼 자르는 방향에 따라 여러 가지 모양이 나온다.

▶ 입체도형, 회전체

단위넓이 unit area

공간이나 물건의 넓이를 재는 데 기준이 되는 넓이

도형의 넓이를 나타낼 때에는 한 변이 1 cm인 정사각형의 넓이 1 cm²를 단위넓이로 사용한다. 즉 한 변이 1 cm인 정사각형의 개수를 세어 도형의 넓이를 알아보는 것이다.

아래의 모눈 1개의 넓이는 1 cm²이다. 모눈의 개수를 세어 보면 모눈종이에 그려진 도형의 넓이를 알 수 있다. 모눈의 개수, 즉 한 변이 1 cm인 정사각형의 개수가 바로 도형의 넓이가 된다.

단위길이, 단위부피, 단위질량

마찬가지로 길이를 재는 데 기준이 되는 길이를 단위길이라 하고, 부피를 재는 데 기준이 되는 부피를 단위부피, 무게를 재는 데 기준이 되는 무게를 단위무게라 한다.

▶ 다각형의 넓이, 정사각형

단위분수 單位分數 unit fraction

분자가 1인 분수

$\frac{1}{2}, \frac{1}{3}, \frac{1}{4}, \frac{1}{5}$ …과 같이 분자가 1인 분수를 '단위분수'라고 한다.

고대에는 단위분수와 특수한 분수로 여겨진 $\frac{2}{3}$ 만 있었기에 그밖의 다른 분수들을 나타낼 때에는 $\frac{5}{6} = \frac{1}{2} + \frac{1}{3}$ 과 같이 단위분수의 합으로 나타냈다.

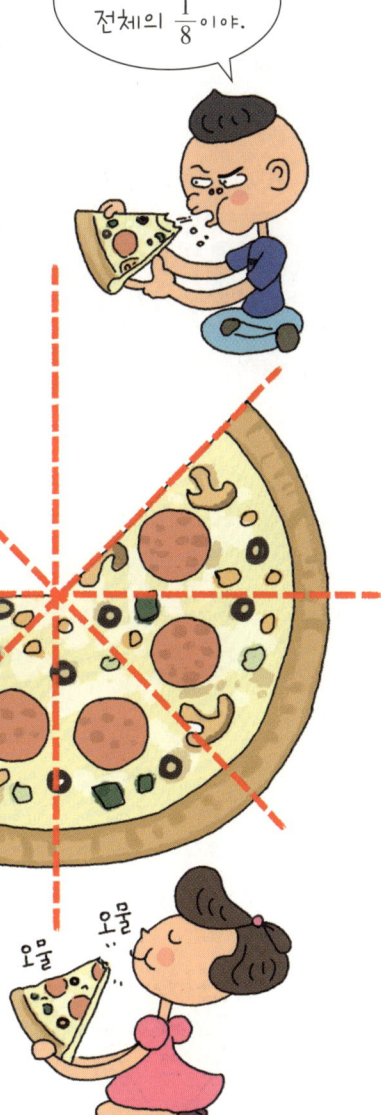

$\frac{1}{2}$

$\frac{1}{3}$

$\frac{1}{4}$

단위분수는 분모의 크기가 클수록 작아진다.

$$\frac{1}{2} > \frac{1}{3} > \frac{1}{4}$$

▶ 분수

닮음 similarity
크기는 다르지만 모양이 같은 도형

아래와 같이 원을 늘이거나 줄여도 크기만 다를 뿐 모양은 같다. 이처럼 어떤 도형을 일정한 비율로 확대하거나 축소한 도형은 처음 도형과 닮음인 도형이다.
한편, 모양과 크기가 같아서 포개었을 때 완전히 겹쳐지는 두 도형을 서로 '합동'이라고 한다.

▶ 도형, 합동

대각선 對角線 diagonal
다각형에서 서로 이웃하지 않는 두 꼭짓점을 이은 선분

사각형, 오각형, 육각형 등 다각형에서 대각선을 그려 보면 여러 개의 대각선이 그려진다. 그러나 삼각형은 서로 이웃하지 않는 두 꼭짓점이 없기 때문에 대각선을 그릴 수 없다.

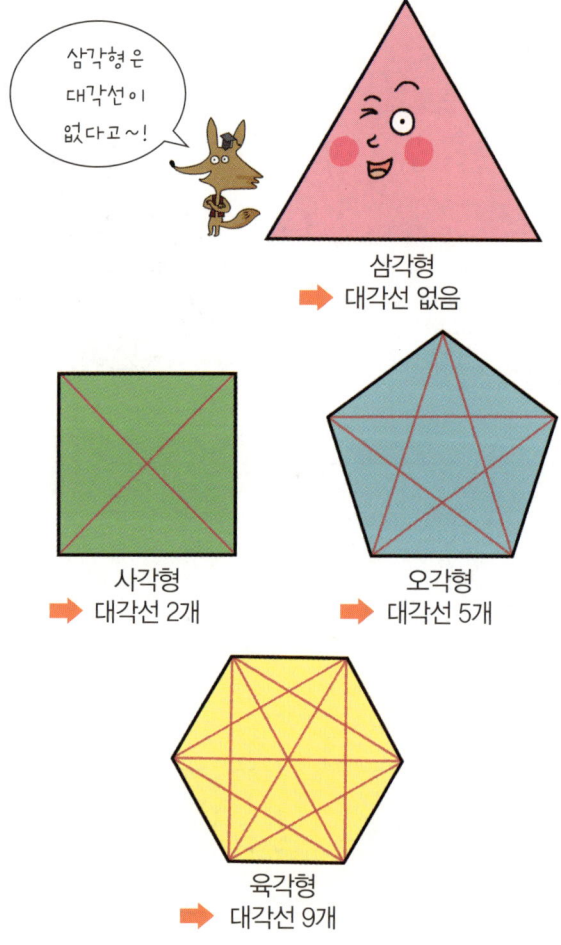

▶ 다각형, 선분

대분수 帶分數 mixed fraction
자연수와 진분수의 합으로 나타낸 분수

$2+\frac{3}{4}$은 $2\frac{3}{4}$이라 쓰고, '2와 4분의 3'이라고 읽는다. $2\frac{3}{4}$은 자연수 2와 진분수 $\frac{3}{4}$을 합한 값이다.

대분수의 '대'자는 큰 대(大)가 아니라 띠 대(帶)자야. 즉 큰분수라는 의미가 아니라 자연수와 진분수가 연결된 분수라는 거지.

대분수를 가분수로 나타내는 방법

$$2\frac{3}{4} = \frac{2 \times 4 + 3}{4} = \frac{11}{4}$$

가분수를 대분수로 나타내는 방법

$$\frac{11}{4} = 2\frac{3}{4} \quad \Rightarrow \quad (11 \div 4 = 2 \cdots 3)$$

자연수 부분 ↙ ↘ 분자

▶ 가분수, 분수, 진분수

대응 對應 correspondence
어느 두 개가 서로 짝이 되는 경우

일정한 관계에 따라 어떤 모둠의 하나를 다른 모둠의 하나와 짝지을 수 있다. 이러한 쌍은 '대응 관계'라고 할 수 있다.
집합 X의 수보다 2 큰 수를 집합 Y에서 찾아 짝지어 보면 다음 그림과 같다.

4와 5에 대응되는 수는 없어.

이때 1에 대응되는 수를 3, 2에 대응되는 수를 4, 3에 대응되는 수를 5라고 말한다.

▶ 집합

대응각 對應角 corresponding angle

합동인 두 도형을 완전히 포개었을 때 서로 겹치는 각

합동인 두 도형을 완전히 포개어 보면 겹치는 각이 있다. 이 각을 '대응각'이라고 한다. 합동인 두 도형에서 대응각의 크기는 서로 같다. 또 닮음인 두 도형에서 역시 대응각의 크기는 서로 같다.

대응변 對應邊 corresponding side

합동인 두 도형을 완전히 포개었을 때 서로 겹치는 변

합동인 두 도형을 완전히 포개어 보면 겹치는 변이 있다. 이 변을 '대응변'이라고 한다. 합동인 두 도형에서 대응변의 길이는 서로 같다.

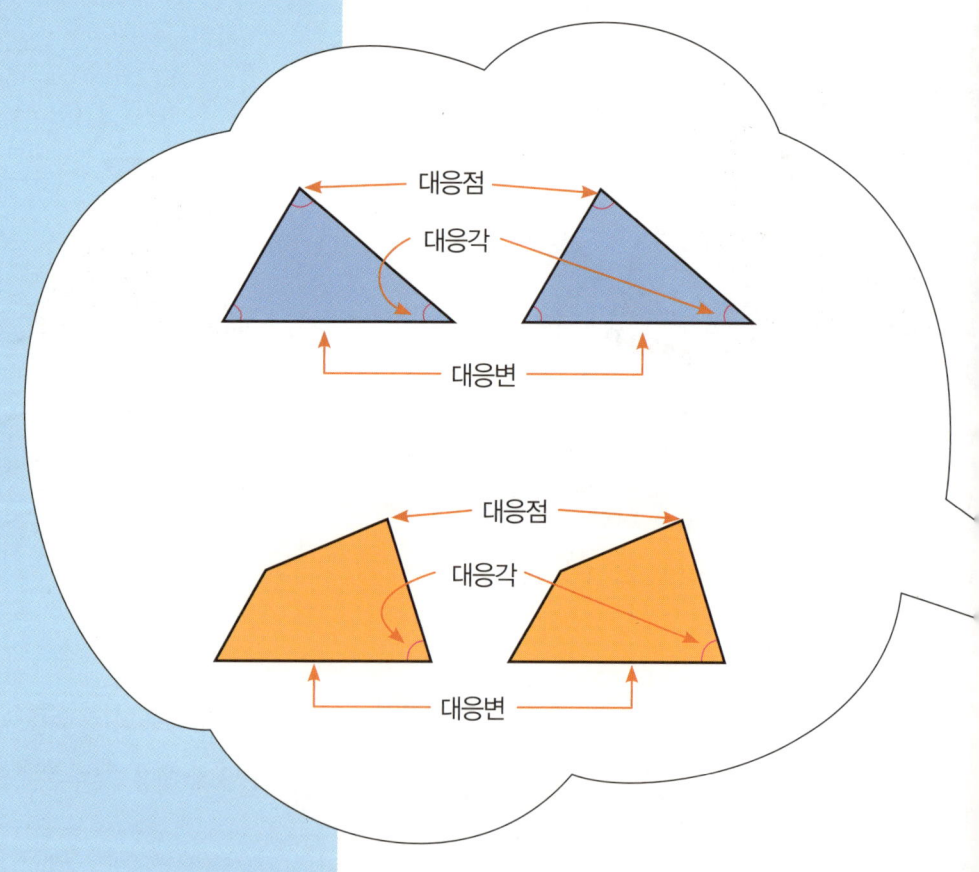

▶ 선대칭도형, 점대칭도형, 합동

▶ 선대칭도형, 점대칭도형, 합동

대응점 對應點 corresponding point

합동인 두 도형을 완전히 포개었을 때 서로 겹치는 점

합동인 두 도형을 완전히 포개어 보면 겹치는 꼭짓점이 있다. 이 점을 '대응점'이라고 한다.

▶ 선대칭도형, 점대칭도형, 합동

대입 代入 substitution

식에 있는 문자 대신에 어떤 수 또는 식을 바꾸어 넣는 것

문자를 사용하면 수량 사이의 관계를 간단한 식으로 나타낼 수 있다. 예를 들어 1초에 4 m씩 움직이는 자전거가 갈 수 있는 거리는 2초에 8 m, 3초에 12 m, ⋯, x초 후에는 $4x$ m 간다고 할 수 있다. 이때 x에 자전거가 움직인 시간을 대입하면 자전거가 움직인 거리를 구할 수 있게 된다.

대입하여 식의 값 구하기
$x = 1$일 때, $2x+5$의 값을 구해 보면
$2x+5$ ⟶ 생략된 × 기호 써 주기
$= 2 \times x + 5$ ⟶ x의 값에 1 대입하기
$= 2 \times 1 + 5$
$= 7$

▶ 식의 값

대입법 代入法 method of substitution

연립방정식에서 한 방정식을 어느 한 미지수에 대하여 풀고, 그 식을 다른 방정식에 대입함으로써 한 미지수를 소거하여 연립방정식의 해를 구하는 방법

미지수가 2개인 두 개의 일차방정식을 한 쌍으로 묶은 연립방정식에서 2개의 미지수의 해를 구하는 방법으로는 가감법과 대입법이 있다.

가감법은 미지수의 계수의 절댓값을 같게 한 뒤 두 일차방정식을 더하거나 빼서 미지수의 값을 구하는 방법이다. 대입법은 연립방정식의 한 일차방정식을 다른 일차방정식에 대입하여 미지수가 1개인 일차방정식으로 바꾼 뒤 미지수의 값을 구하는 방법이다. 대입법은 두 일차방정식 중 $x=(y$에 대한 일차식$)$ 또는 $y=(x$에 대한 일차식$)$으로 변형하기 쉬울 때 이용한다.

대입법 이용하여 연립방정식 풀기

① 두 미지수 중 어느 것을 소거할 것인지 정한다.
② 두 방정식 중 한 방정식을 x 또는 y에 대하여 푼다.
③ ②를 대입하여 연립방정식의 해를 구한다.

예 다음 연립방정식의 해를 구하시오.
$$\begin{cases} x=3+2y & \cdots ㉠ \\ 2x+y=11 & \cdots ㉡ \end{cases}$$
[풀이] ① ㉠을 ㉡에 대입하면
$$2(3+2y)+y=11$$
$$6+4y+y=11$$
$$4y+y=11-6$$
$$5y=5$$
$$y=1$$
② $y=1$을 ㉠에 대입하면
$$x=3+2\times 1=5$$

▶ 가감법, 일차방정식

대칭 對稱 symmetry

도형이 점, 선을 기준으로 서로 같은 거리에 있는 것

직선이나 점을 기준으로 같은 거리에서 마주 보고 있는 것을 '대칭'이라고 한다.
한 직선을 기준으로 포개었을 때 완전히 겹쳐지면 '선대칭'이라고 한다.
한 점을 기준으로 180° 돌렸을 때 처음 도형과 완전히 겹쳐지면 '점대칭'이라고 한다.

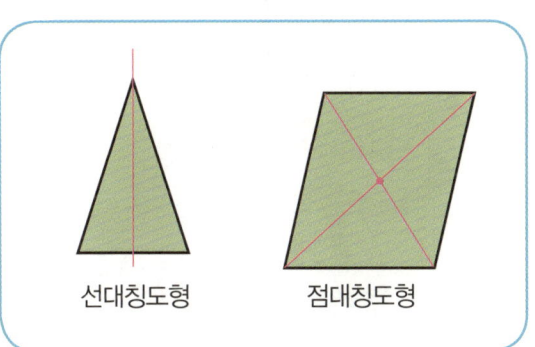

▶ 선대칭도형, 점대칭도형

대칭의 중심 center of symmetry

점대칭도형이나 점대칭의 위치에 있는 도형에서 대응점끼리 이은 선분들이 만나는 점

태극 무늬를 한 점을 중심으로 180° 돌려 보면 처음 모양과 완전히 겹쳐지므로 점대칭도형이다. 이때의 점을 '대칭의 중심'이라고 한다. 점대칭도형에서 대칭의 중심은 오직 한 개뿐이다.

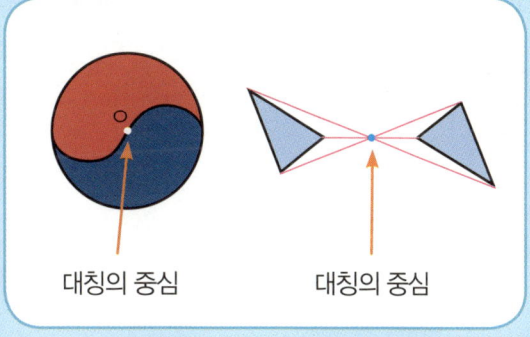

▶ 점대칭도형, 점대칭의 위치에 있는 도형

대칭축 對稱軸 axis of symmetry

선대칭도형이나 선대칭의 위치에 있는 도형에서 두 도형을 서로 완전히 겹쳐지게 하는 선

어떤 직선을 따라 접어서 두 도형이 완전히 포개어졌을 때, 이 직선을 '대칭축'이라 한다. 대칭축을 중심으로 양쪽에 있는 도형의 모양과 크기는 서로 같다.
대칭축은 도형에 따라서 그 개수가 다르다. 직사각형은 2개, 정삼각형은 3개, 정사각형은 4개다. 하지만 원의 경우, 어느 방향으로 접어도 완전히 겹쳐지므로 원의 대칭축은 셀 수 없을 정도로 많다.

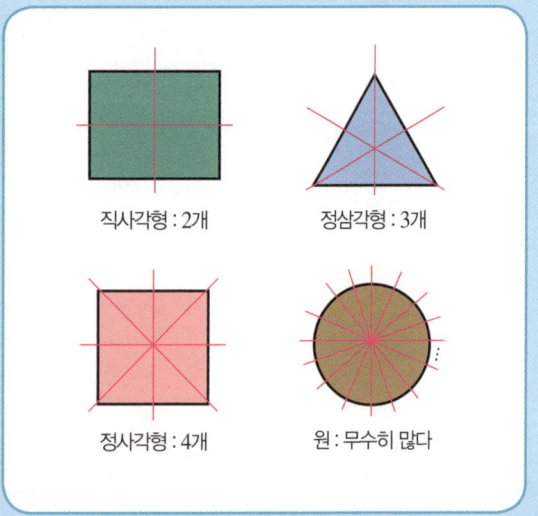

직사각형 : 2개
정삼각형 : 3개
정사각형 : 4개
원 : 무수히 많다

▶ 선대칭도형, 선대칭의 위치에 있는 도형

더하기 add

어떤 수나 양 또는 식에 다른 수나 양을 보태는 것

더하기는 한 곳에 모으거나 더 많이 늘어나는 것을 말한다.
3에서 2를 더하는 것을 '3+2'라고 쓰고, '3 더하기 2'라고 읽는다.

더하기를 할 때에는 +기호를 쓰지.

▶ 덧셈, 뺄셈

덧셈 addition
둘 이상의 수나 식을 더하는 계산

덧셈은 '+' 기호를 사용하여 나타낸다.

[가로셈]	[세로셈]
$27 + 35 = 62$	$\begin{array}{r} {\scriptstyle 1} \\ 2\,7 \\ +\ 3\,5 \\ \hline 6\,2 \end{array}$

▶ 더하기

도수분포다각형 度數分布多角形 frequency distribution polygon

히스토그램에서 각 직사각형의 윗변의 중점을 차례로 선분으로 연결한 그래프

몇 개의 계급을 나누어 각 계급에 속하는 도수를 조사하여 나타낸 표가 '도수분포표'이다. 이 표를 보고 나타낸 그래프에는 히스토그램과 도수분포다각형이 있다. 이때 도수는 각 계급에 속하는 자료의 개수를 말한다.

도수분포다각형 그리기

① 히스토그램에서 각 직사각형의 윗변의 중점을 찍는다.
② 양 끝에는 도수가 0인 계급이 하나씩 있는 것으로 생각하고, 그 중앙에 점을 찍는다.
③ 찍은 점들을 차례로 선분으로 연결한다.

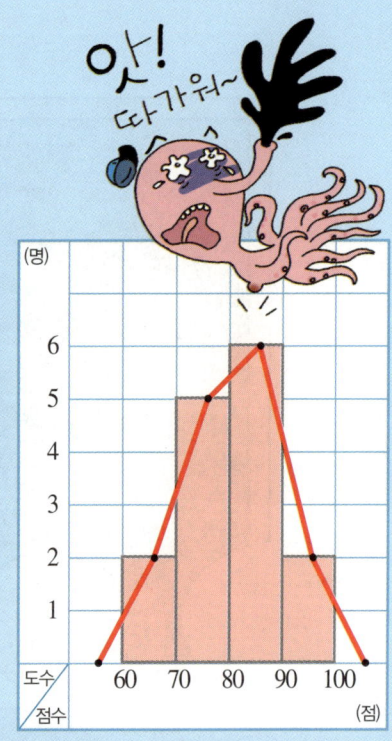

▶ 도수분포표, 히스토그램

도수분포표 度數分布表 frequencydistribution table

주어진 자료를 몇 개의 계급으로 나누고 각 계급에 속하는 도수를 조사하여 나타낸 표

표 중에서 가장 많이 사용되는 표가 도수분포표이다. 도수분포표는 자료를 일정한 간격으로 나눈 다음 그에 해당하는 자료의 수를 구하여 나타낸다. 도수분포표는 자료의 전체적인 경향이나 자료의 분포 상태를 알아보는 데 편리하지만, 각각의 자료의 특성을 알아보기는 어렵다.

도수분포표를 그릴 때에는 모든 자료가 도수분포표에 나타낼 수 있도록 계급을 정해야 하는데, 계급의 수가 너무 많거나 적으면 자료의 분포 상태를 알 수 없으므로 주의한다.

〈학생별 오래매달리기 기록〉

시간(초)	학생 수(명)
0 이상 ~ 10 미만	10
10 ~ 20	4
20 ~ 30	3
30 ~ 40	3
합계	20

도수분포표 나타내기
① 주어진 자료 중에서 가장 작은 값과 가장 큰 값을 찾는다.
② ①의 두 값을 포함하는 구간을 일정한 간격, 즉 계급으로 나눈다.
③ 계급에 속하는 도수를 적는다.
④ 맨 아래에 합계를 적는다.

▶ 계급, 도수분포다각형

도형 圖形 figure
점, 선, 면, 입체로 이루어진 모양

도형은 평면 위에 있는 평면도형과 공간에서 위치와 모양, 길이, 폭, 두께를 갖는 입체도형으로 나뉜다.
도형의 가장 기초 단위인 점은 선의 끝으로 나타나는 도형이며, 선은 면의 경계를 나타내는 도형이다. 면은 입체의 경계로서 위치·모양·넓이를 가지지만 두께는 가지지 않는다. 입체도형은 면이 모여 이룬 공간을 차지하는 도형이다.

▶ 도형 돌리기, 도형 뒤집기, 도형 밀기, 입체도형, 평면도형

도형 돌리기 turn

어떤 도형을 한 점을 기준으로 돌리는 것

도형을 직각(90°), 직각의 2배만큼(180°), 직각의 3배만큼 (270°), 한 바퀴(360°) 돌리는 것을 '도형 돌리기'라고 한다. 도형은 90°만큼 돌리면 위쪽은 오른쪽, 오른쪽은 아래쪽, 아래쪽은 왼쪽, 왼쪽은 위쪽으로 바뀐다.

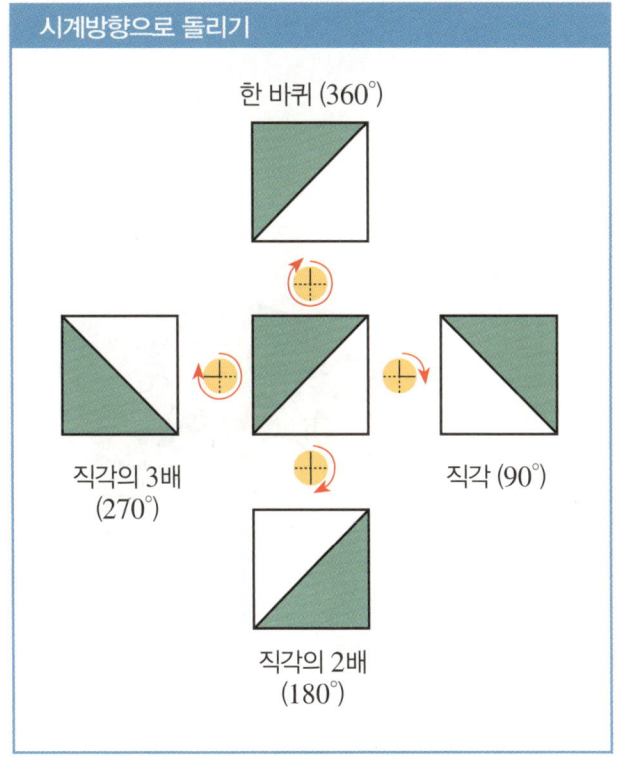

▶ 도형 뒤집기, 도형 밀기

도형 뒤집기 flip

도형을 한 직선을 기준으로 상하 또는 좌우로 뒤집는 것

도형을 오른쪽과 왼쪽 또는 위쪽과 아래쪽으로 뒤집는 것을 '도형 뒤집기'라고 한다. 도형 뒤집기를 해도 도형의 크기는 달라지지 않는다. 그러나 도형의 오른쪽과 왼쪽 혹은 위쪽과 아래쪽이 서로 바뀌게 된다.

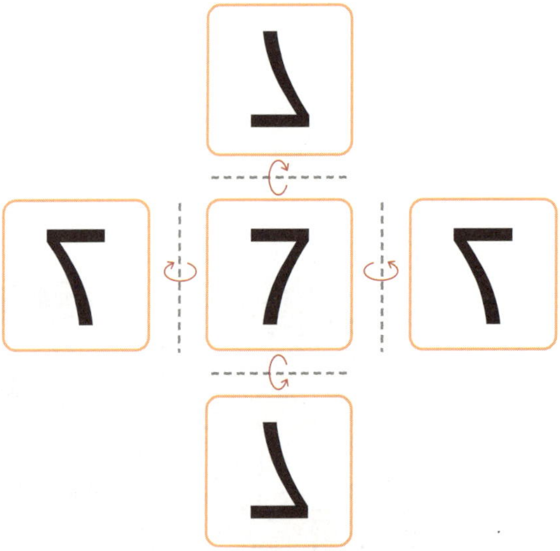

▶ 도형 돌리기, 도형 밀기

도형 밀기 slide

도형을 특정한 방향으로 밀어서 움직이는 것

도형을 여기저기로 밀어 움직이는 것을 '도형 밀기'라 한다.
도형 밀기는 '도형 옮기기'라고도 한다.
도형 밀기는 여러 방향으로 밀어도 그 위치는 변하지만 모양과 크기는 변하지 않는다.

▶ 도형 돌리기, 도형 뒤집기

ㄷ

동류항 同類項 similar terms
문자와 그 문자의 차수가 서로 같은 항

수 또는 수와 문자 또는 문자의 곱으로만 이루어진 식을 '항(項)'이라고 한다. 항 중에서 계수는 다르더라도 문자의 차수가 같은 항을 '동류항'이라고 한다.
동류항은 다음과 같다.

항	$2x$	$3y^2$	2
문자	x	y	없다
차수	1	2	0

동류항	$3x, -x, \frac{1}{2}x$	$-y^2, \frac{1}{2}y^2, 4y^2$	$5, 4, -1$

문자와 그 문자의 차수가 같아야 동류항이지.

▶ 계수, 상수, 상수항, 차수

동위각 同位角 corresponding angle
두 직선이 다른 한 직선과 만날 때 같은 위치에 있는 각

직선 가와 직선 나가 직선 다와 만날 때 같은 위치의 각 ㄱ과 각 ㄱ′, 각 ㄴ과 각 ㄴ′, 각 ㄷ과 각 ㄷ′, 각 ㄹ과 각 ㄹ′이 서로 동위각이다. 두 직선이 서로 평행이면 동위각의 크기는 서로 같다.

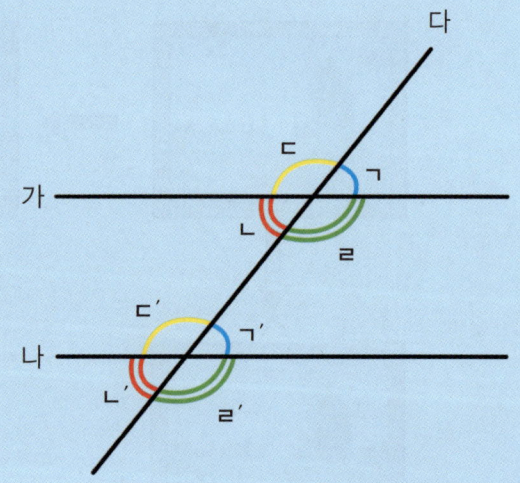

▶ 맞꼭지각

둔각 鈍角 obtuse angle

직각(90°)보다 크고, 180°보다 작은 각

예각이 직각보다 작은 각이라고 하면, 둔각은 직각보다 큰 각이다. 따라서 180°이상의 각은 둔각이 아니다.

▶ 둔각삼각형, 예각, 직각

둔각삼각형 鈍角三角形 obtuse triangle

한 각이 직각보다 큰 삼각형

둔각을 포함하고 있는 삼각형을 말한다. 삼각형의 내각의 합은 180°이므로 둔각을 제외한 나머지 두 각은 예각이 된다.

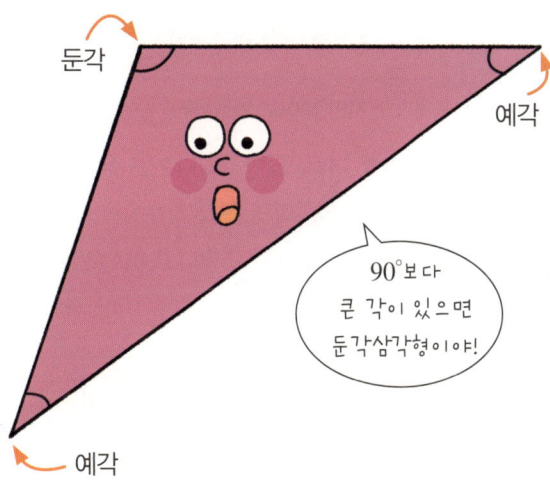

▶ 둔각, 삼각형

둘레 perimeter

도형이나 물건의 가장자리를 한 바퀴 돈 길이

사각형의 둘레는 4개의 선분의 길이의 합, 삼각형의 둘레는 3개의 선분의 길이의 합이다.

붉은 선이 도형의 둘레

하나 더

둘레가 커지면 넓이도 커질까?

노란 색종이를 여러 조각으로 나누면 색종이의 가장자리가 더 많이 생긴다. 노란 색종이의 총 둘레는 커졌지만 넓이는 변함없이 처음 그대로이다. 즉 둘레가 변한다고 해서 반드시 넓이가 변하는 것은 아니다.

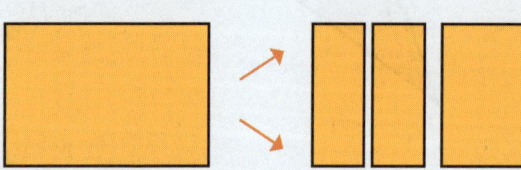

▶ 넓이, 다각형의 둘레

들이 capacity
그릇이나 통 안쪽 공간의 크기

두 병(그릇)의 들이를 비교하려면 두 병에 각각 음료수를 가득 담아 음료수의 양을 비교하면 된다.

즉, 콜라병에 든 콜라의 양이 3컵이고, 주스병에 든 주스의 양이 4컵이라면 주스병의 들이가 더 많다.

들이의 단위로는 kL(킬로리터), L(리터), mL(밀리리터) 등이 있다.

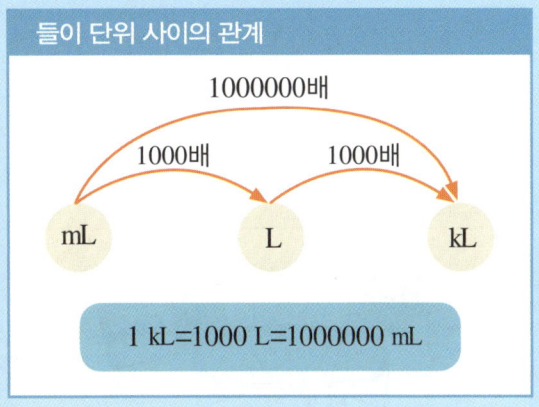

들이 단위 사이의 관계

1 kL=1000 L=1000000 mL

▶ 들이의 합과 차, 리터, 밀리리터

들이의 합과 차

같은 들이 단위끼리 더하거나 뺀 값

mL는 mL 단위끼리, L는 L단위끼리 단위를 맞추어 더하거나 뺀다.

들이의 합

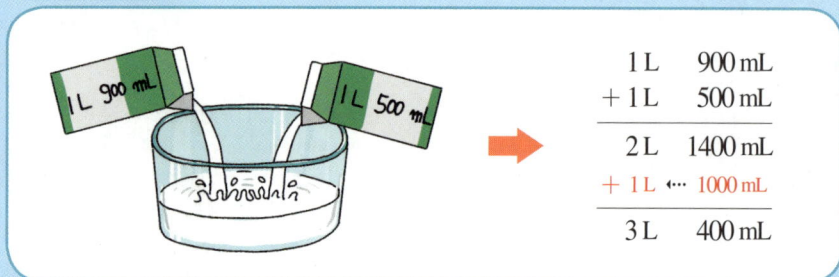

L와 mL 단위의 합은 같은 단위인 L 단위끼리, mL 단위끼리 더한다. mL 단위끼리의 합이 1000 mL와 같거나 1000 mL보다 크면 1000 mL를 1 L로 받아올림하여 계산한다.

들이의 차

L와 mL 단위의 차는 같은 단위인 L 단위끼리, mL 단위끼리 뺀다. mL 단위끼리 뺄 수 없을 때에는 1 L를 1000 mL로 받아내림하여 계산한다.

▶ 들이, 리터, 밀리리터

등식 等式 equality

등호(=)를 사용하여 두 수 또는 두 식이 서로 같음을 나타낸 식

등식에서 등호의 왼쪽 부분을 '좌변', 등호의 오른쪽 부분을 '우변', 그리고 좌변과 우변을 통틀어 '양변'이라고 한다.

$$5+x=8$$

좌변 우변 / 양변

등식에서 좌변과 우변의 값이 같으면 참이 되고, 다르면 거짓이 된다. 이때 거짓인 등식도 등식이다.

참인 등식: $5+4=9$, $2x-x=x$
거짓인 등식: $3-2=2$, $2x-x=3x$

▶ 등호, 방정식, 항등식

등호 等號 equal sign

둘 이상의 수나 식이 서로 같음을 나타내는 기호

등호는 영국의 수학자 레코드가 처음 사용한 기호로, 식에서는 가장 기본이 되는 기호이다.

예를 들어 3×5의 값은 15와 같다. 여기서 같다는 의미로 사용하는 '=' 기호를 '등호'라고 한다. 숫자와 문자로 식을 표현하고 등호로 수식을 연결하여 나타낸 식은 모두 등식이라고 한다. 등호가 사용된 식이라고 해서 모두 참은 아니다.

등호가 있는 식이 참인 식이라면, 미지수를 구할 수 있다.

$$2 \times x = 8 \text{ (참)} \quad \Rightarrow \quad x = 4$$

등호의 사용
$x = 1$ ☞ x의 값은 1과 같다.
$x + 5 = 14$ ☞ $x + 5$는 14와 같다.

▶ 등식, 부등식, 부등호

뛰어 세기 skip counting
수를 일정하게 커지거나 작아지도록 건너서 세는 것

1씩 뛰어서 세면 1, 2, 3, 4, 5…와 같이 일의 자리 숫자가 1씩 커지고, 10씩 뛰어서 세면 10, 20, 30, 40, 50…과 같이 십의 자리 숫자가 1씩 커진다. 수를 거꾸로 뛰어 세면 수가 규칙적으로 작아진다. 10씩 거꾸로 뛰어 세면 60, 50, 40과 같이 십의 자리 숫자가 1씩 작아진다.

- 1씩 뛰어 세기
  1 - 2 - 3 - 4 - 5 - 6 - 7 - 8 - 9 - …

- 10씩 뛰어 세기
  10 - 20 - 30 - 40 - 50 - 60 - 70 - 80 - …

- 7씩 뛰어 세기
  2 - 9 - 16 - 23 - 30 - 37 - …

- 10씩 거꾸로 뛰어 세기
  60 - 50 - 40 - 30 - 20 - …

▶ 규칙

띠그래프 band graph
전체에 대한 각 부분의 비율을 띠 모양으로 나타낸 그래프

띠그래프는 비율그래프의 한 종류이다. 각 항목이 전체에 대해 차지하는 비율을 구한 다음 각 항목의 비율을 띠 모양으로 나타낸 그래프를 '띠그래프'라고 한다. 띠그래프는 각 항목의 수량은 알 수 없지만 각 항목이 차지하는 비율을 한눈에 쉽게 알 수 있는 장점이 있다.
주어진 표를 띠그래프로 나타내면 다음과 같다.

띠그래프 그리기

〈마을별 학생 수〉

거주지	백합 마을	장미 마을	국화 마을	벚꽃 마을	합계
학생 수(명)	40	80	50	30	200
백분율(%)	20	40	25	15	100

① 표를 보고, 전체에 대한 각 부분의 백분율을 구한다.
② 백분율의 합이 100 %인지 확인한 뒤 각 항목들이 차지하는 백분율만큼 띠를 나눈다.
③ 나눈 띠 위에 각 항목의 명칭을 쓰고, 백분율의 크기를 쓴다.
　이때 백분율의 합계가 100 %가 되는지 확인한다.

〈마을별 학생 수〉

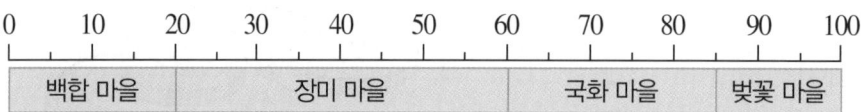

띠그래프의 특징

① 부분과 전체의 비율, 부분과 부분의 비율을 비교하기 쉽다.
② 그래프를 그리기 쉽다.
③ 그래프를 읽기 쉽다.

▶ 그래프, 원그래프

리터 liter

기호 L를 사용하여 나타내는 들이의 단위

리터는 들이를 나타내는 단위 중 하나이며 L라 쓰고 '리터'라고 읽는다. 1L는 가로, 세로, 높이가 10 cm인 정육면체 안에 담을 수 있는 양과 같다. 이때 $1\,cm^3$는 1 mL와 같으므로 1000 mL는 1L와 같다.

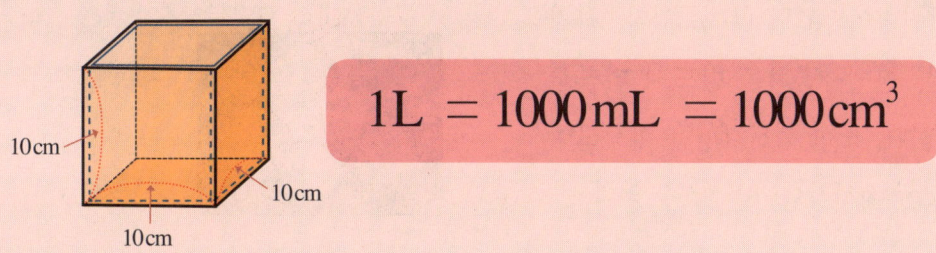

$$1L = 1000\,mL = 1000\,cm^3$$

▶ 들이, 밀리리터

마름모 rhombus
네 변의 길이가 모두 같은 사각형

마름모는 네 변의 길이가 같으므로, 두 변의 길이만 같은 사각형은 마름모가 아니다. 마름모는 마주 보는 두 쌍의 변이 서로 평행하고, 마주 보는 두 각의 크기가 서로 같다. 따라서 마름모는 사다리꼴이라고도 할 수 있고 평행사변형이라고도 할 수 있다. 하지만 사다리꼴, 평행사변형을 반드시 마름모라고 할 수 없다. 또한 정사각형은 마름모이지만, 마름모는 정사각형이라 할 수 없다.

'마름모'라는 이름은 '마름'이라는 식물의 이름에서 유래했대. 마름의 모양이 우리가 흔히 알고 있는 마름모의 모양과 비슷해.

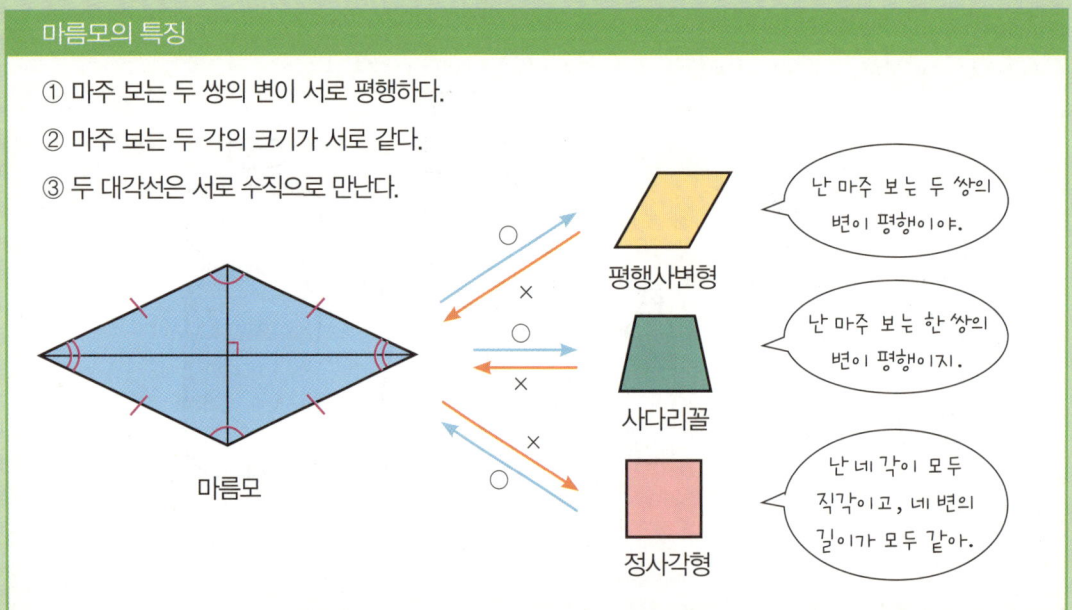

마름모의 특징
① 마주 보는 두 쌍의 변이 서로 평행하다.
② 마주 보는 두 각의 크기가 서로 같다.
③ 두 대각선은 서로 수직으로 만난다.

마름모

평행사변형 — 난 마주 보는 두 쌍의 변이 평행이야.
사다리꼴 — 난 마주 보는 한 쌍의 변이 평행이지.
정사각형 — 난 네 각이 모두 직각이고, 네 변의 길이가 모두 같아.

▶ 사각형, 사다리꼴, 정사각형, 평행사변형

마름모의 넓이

마름모의 두 대각선은 서로 수직으로 만난다. 한 대각선이 다른 대각선을 이등분하기 때문에 두 대각선의 길이를 알면 마름모의 넓이를 구할 수 있다.

(마름모의 넓이)
= (마름모를 둘러싸는 직사각형의 넓이)÷2
= (가로)×(세로)÷2
= (한 대각선의 길이)×(다른 대각선의 길이)÷2

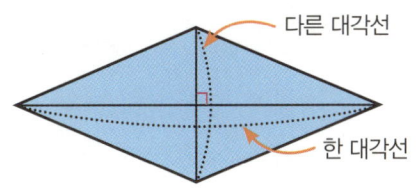

다음과 같이 마름모에 대각선을 긋고, 대각선과 평행인 선을 그어 마름모를 둘러싸는 직사각형을 만들어 보자.

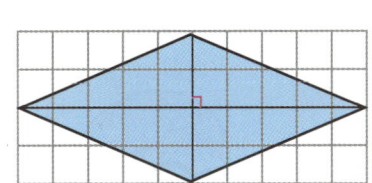

위의 그림을 보면 마름모의 두 대각선의 길이는 각각 직사각형의 가로, 세로와 같음을 알 수 있다.

따라서 마름모의 넓이는 마름모를 둘러싸는 직사각형의 넓이를 2로 나누어 구할 수 있다.

▶ 다각형의 넓이, 마름모, 직사각형

마방진 魔方陣 magic square

가로, 세로, 대각선의 합이 모두 같아지도록 정사각형 모양으로 수를 배열한 것

다음은 가로, 세로, 대각선 모두 합이 15인 마방진이다.

4	9	2
3	5	7
8	1	6

$4 + 9 + 2 = 15$

$4 + 5 + 6 = 15$

$4 + 3 + 8 = 15$

마방진의 유래

중국 하나라 우왕 때 강에서 홍수가 나는 것을 막기 위해 공사를 하다가 이상한 무늬가 새겨진 거북 한 마리를 발견하게 되었다. 사람들은 이 거북의 무늬를 수로 나타내었는데 가로, 세로, 대각선의 합이 15가 되는 신기한 정사각형 모양의 수의 배열이 되었다고 한다. 사람들은 이 사각형을 '낙서(洛書)'라 부르고 귀하게 여겼다. 이것이 바로 마방진의 시초이다.

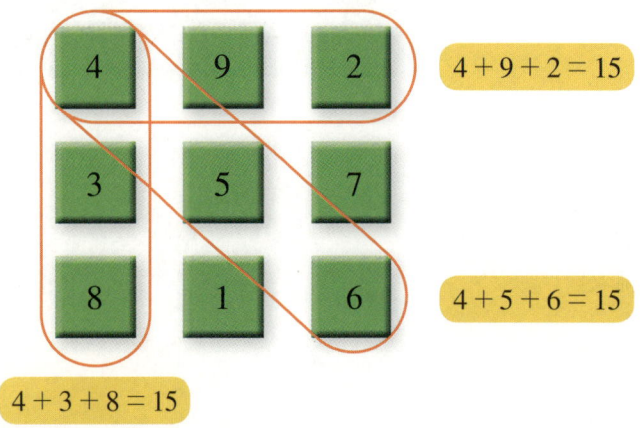

▶ 가로, 대각선, 세로

맞꼭지각 vertically opposite angles

두 직선이 만날 때 생긴 각 중 서로 마주 보는 각

두 직선이 한 점에서 만날 때 4개의 각이 만들어진다.
이때 서로 마주 보는 두 쌍의 각을 '맞꼭지각'이라고 한다.
한 쌍의 맞꼭지각의 크기는 서로 같다.

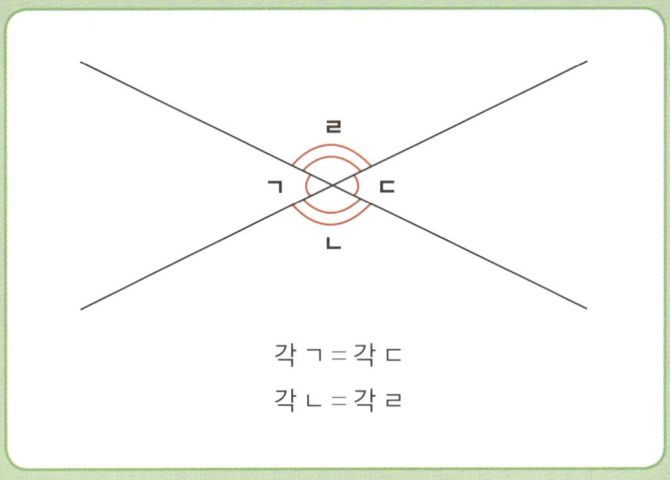

각 ㄱ = 각 ㄷ
각 ㄴ = 각 ㄹ

▶ 각, 선분, 직선

막대그래프 bar graph
조사한 수를 막대 모양으로 나타낸 그래프

막대그래프는 수량의 많고 적음을 막대의 높낮이로 한눈에 비교하기 편리하다. 즉 막대의 길이가 길수록 그 항목에 해당하는 수가 많고, 막대의 길이가 짧을수록 그 항목에 해당하는 수가 적다. 표로 나타내면 항목별 조사한 수나 전체 조사한 수를 쉽게 알 수 있지만 한눈에 비교하기는 어렵다.
자료를 막대그래프로 나타내면 항목별 크기를 쉽게 비교할 수 있지만 자료의 전체의 크기(합계)는 쉽게 알 수 없다.

〈줄넘기 등급별 학생 수〉

등급	학생 수(명)
A	3
B	7
C	5
D	2
합계	17

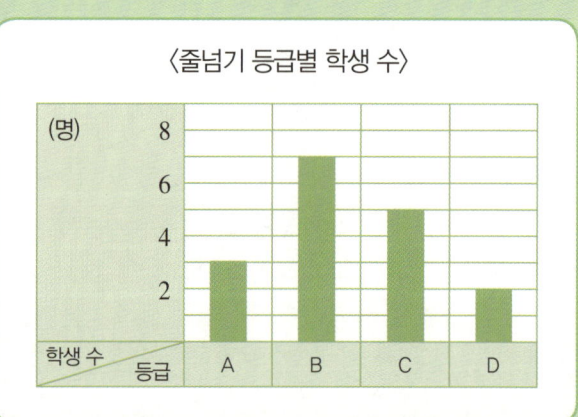

막대그래프 그리기

① 가로와 세로 중 어느 쪽에 조사한 수를 나타낼 것인가를 정한다.
② 눈금 한 칸의 크기를 정하고, 조사한 수 중에서 가장 큰 수를 나타낼 수 있도록 눈금의 수를 정한다.
③ 조사한 수에 맞게 막대를 그린다.
④ 막대그래프에 알맞은 제목을 붙인다.

▶ 그래프

모서리 edge
입체도형의 면과 면이 만나는 선분

입체도형에서 선분으로 둘러싸인 부분을 '면'이라 하고, 면과 면이 만나는 선분을 '모서리'라고 한다. 이때 원기둥과 원뿔은 선분으로 둘러싸인 면이 없으므로 모서리가 없다.

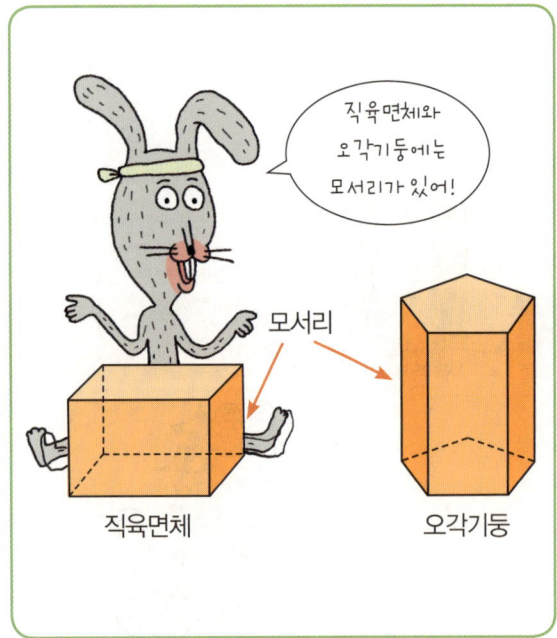

▶ 다각형, 면, 변

각기둥의 모서리의 수

각기둥에서 한 밑면의 모서리의 수, 다른 밑면의 모서리의 수, 옆면의 모서리의 수는 모두 같다. 따라서 각기둥의 모서리의 수는 한 밑면의 모서리의 수의 3배와 같다.

> (각기둥의 모서리의 수)
> =(한 밑면의 모서리의 수) × 3

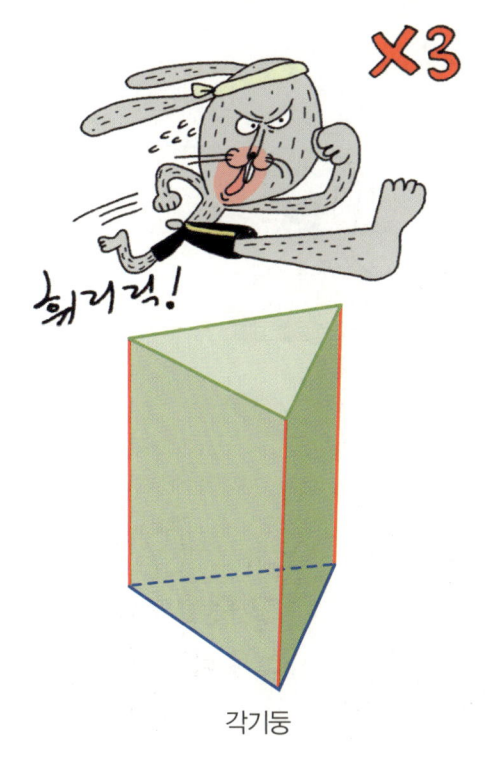

각기둥

각뿔의 모서리의 수

각뿔에서 한 밑면의 모서리의 수와 옆면의 모서리의 수는 서로 같다. 따라서 각뿔의 모서리의 수는 한 밑면의 모서리의 수의 2배와 같다.

> (각뿔의 모서리의 수)
> =(한 밑면의 모서리의 수) × 2

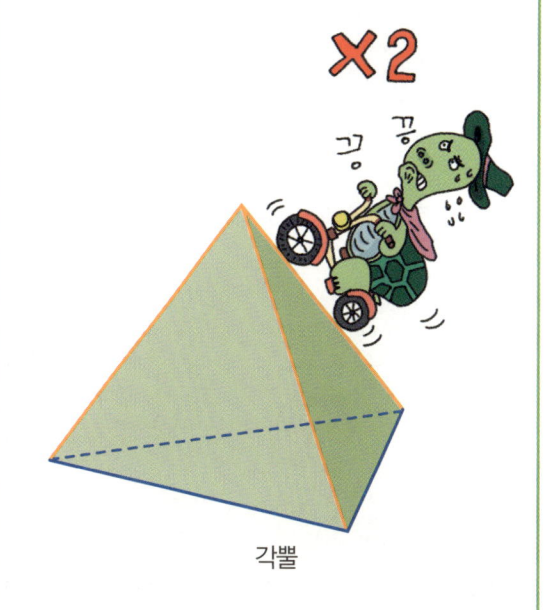

각뿔

▶ 각기둥, 면, 입체도형

모선 母線 generating line
원뿔의 꼭짓점과 밑면인 원 둘레의 한 점을 잇는 선분

원뿔의 모선은 셀 수 없이 많고, 그 길이는 모두 같다. 원뿔에서 원뿔의 높이와 모선의 길이는 서로 다르다. 모선은 원뿔의 꼭짓점에서 원뿔의 옆면에 그은 선분이고, 원뿔의 높이는 원뿔의 꼭짓점에서 밑면에 수직인 선분의 길이이다. 그러므로 모선의 길이가 높이보다 길다.

원뿔에서 모선을 그린 다음 그 모선을 따라 잘라 보면 모선의 길이가 원뿔의 옆면을 펼쳐 만든 부채꼴의 반지름과 같음을 알 수 있다.

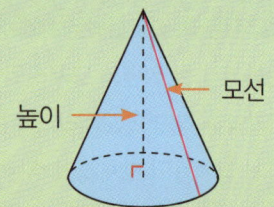

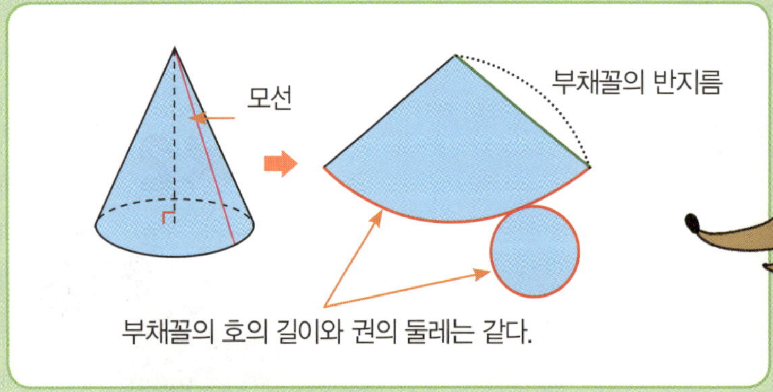

▶ 부채꼴, 원뿔

무게의 합과 차

같은 무게 단위끼리 더하거나 뺀 값

g은 g 단위끼리, kg은 kg 단위끼리 단위를 맞추어 더하거나 뺀다.

무게의 합

kg과 g 단위의 합은 같은 단위인 kg 단위끼리, g 단위끼리 더한다. g 단위끼리의 합이 1000 g과 같거나 1000 g보다 크면 1000 g을 1 kg으로 받아올림하여 계산한다.

무게의 차

kg과 g 단위의 차는 같은 단위인 kg 단위끼리, g 단위끼리 뺀다. g 단위끼리 뺄 수 없을 때에는 1 kg을 1000 g으로 받아내림하여 계산한다.

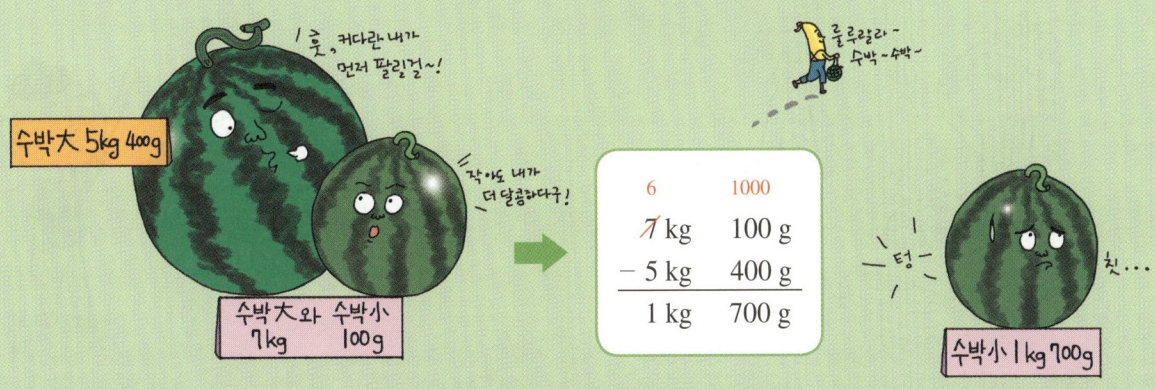

▶ 그램, 무게, 킬로그램

무리수 無理數 irrational number

실수 중에서 유리수가 아닌 수

무리수는 유리수가 아닌 수로, 순환하지 않는 무한소수가 무리수에 해당한다. 0.33이나 0.444…와 같이 유한소수나 순환소수는 분수로 나타낼 수 있으므로 무리수가 아닌 유리수이다. 무리수의 예로는 원주율 π(파이)=3.1415926…가 있다.

실수 { 유리수 { 정수 { 양의 정수 (자연수) / 0 / 음의 정수 } / 정수가 아닌 유리수 (유한소수, 순환소수) } / 무리수 }

▶ 무한소수, 순환소수, 실수, 유리수, 유한소수, 자연수, 정수

무한소수 無限小數 infinite decimal

소수점 아래로 0이 아닌 숫자가 한없이 계속되는 소수

무한소수에는 원주율(π)과 같이 규칙이 없이 끝없이 숫자들이 계속되는 소수가 있고, 0.6666…처럼 하나의 숫자가 반복되거나 0.35375375…처럼 일정한 구간이 반복되는 순환소수가 있다.

▶ 순환소수, 유한소수

문자를 사용한 식

수량 사이의 관계를 $a, b, c \cdots$의 문자를 사용하여 나타낸 식

두 수량 사이에 일정한 규칙이 있을 때, 문자를 사용하여 나타내면 수량 사이의 관계를 간단히 나타낼 수 있다.

예를 들어 정삼각형의 둘레는 (한 변)×3으로 나타낼 수 있지만, 한 변을 x cm라고 하면 둘레는 $3 \times x = 3x$와 같이 간단히 나타낼 수 있다. 즉 한 변의 길이에 따른 둘레를 x의 값에 알맞은 수를 대입하여 구할 수 있다.

이와 같이 구체적인 값이 주어지지 않거나 일반적인 수량을 나타낼 때, 문자를 사용하여 간단히 나타낼 수 있다. 따라서 문자를 사용한 식은 구체적인 값이 아니므로 문자의 값에 따라 식의 값이 달라질 수 있음에 주의한다.

> **문자를 사용한 식 활용하기**
>
> 예 한 개에 500원인 빵 x개의 가격을 구해 보자.
> 빵 전체의 가격은 (빵 한 개의 가격)×(빵의 수)이므로
> (빵 x개의 가격) $= 500 \times x$ (원)
> 즉 빵이 1개이면 $500 \times 1 = 500$(원),
> 2개이면 $500 \times 2 = 1000$(원)…임을 알 수 있다.

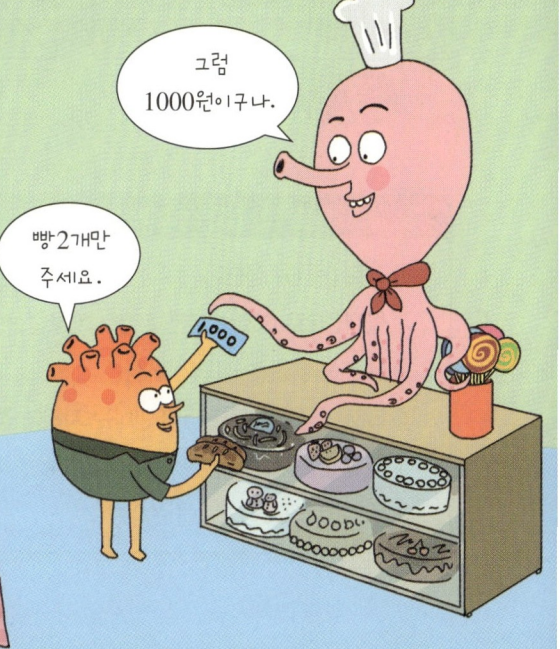

▶ 문자, 방정식

미만 未滿 less than

어떤 수보다 작은 수

자연수 중에서 5보다 작은 수는 1, 2, 3, 4이다. 즉 1, 2, 3, 4를 5 미만의 자연수라고 한다. 이때 5는 포함되지 않는다.

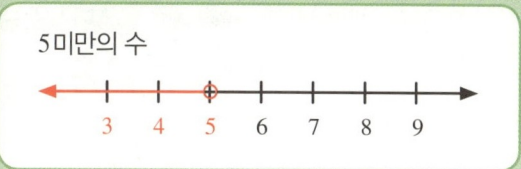

▶ 이상, 이하, 초과

미지수 未知數 unknown number

값을 알지 못하는 어떤 수

미지수는 주로 □ 또는 x를 사용한다. 미지수 x는 프랑스의 수학자 데카르트가 처음 사용했는데 데카르트는 이미 알고 있는 양을 표현할 때에는 a, b, c를 사용하고, 모르는 양을 표현할 때에는 x, y, z를 사용했다고 한다.

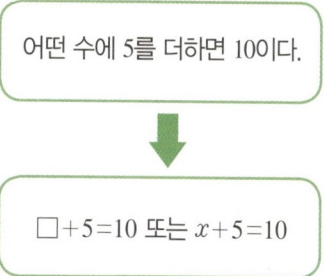

어떤 수에 5를 더하면 10이다.

□+5=10 또는 $x+5=10$

▶ 문자를 이용한 식, 방정식

103

미터 meter

기호 m를 사용하여 나타내는 길이의 단위

부피나 무게 등의 모든 단위는 길이의 단위인 m(미터)에서 유래되었다. 따라서 길이가 단위의 기본이라고 할 수 있다. 길이 단위가 없던 때에는 손가락을 쫙 펴서 뼘으로 재기도 하고, 발걸음 등을 이용해 길이를 쟀다. 하지만 사람마다 뼘의 크기나 발의 길이가 달라서, 어느 나라에서나 쓸 수 있고 변하지 않는 길이 단위가 필요했다. 그에 따라 18세기 말 프랑스에서 지구자오선 길이의 4000만 분의 1만큼의 길이를 1 m라 정했고 '1미터'라고 읽기로 약속했다.

오늘날에는 빛이 진공에서 2억 9979만 2458분의 1초 동안 진행한 거리를 1 m로 정해 기준으로 삼고 있다.

▶ 길이, 밀리미터, 센티미터

밀리리터 milliliter

기호 mL를 사용하여 나타내는 들이의 단위

1 mL는 가로, 세로, 높이가 각각 1 cm인 정육면체의 부피와 같으므로 1 mL는 1 cm³와 같다. 음료수 캔이나 우유갑을 보면 500 mL, 200 mL라고 쓰여져 있는 경우가 있다. 이때 mL는 '밀리리터'라고 읽는다.
1 mL는 $\frac{1}{1000}$ L(리터)이다.

▶ 들이, 리터

밀리미터 millimeter

기호 mm를 사용하여 나타내는 길이의 단위

자를 살펴보면 1 cm가 10칸의 똑같은 작은 눈금으로 나누어져 있는데, 이 작은 눈금 한 칸의 길이를 '1 mm'라 쓰고 '1밀리미터'라고 읽는다.
작은 눈금 2칸의 길이는 2 mm, 3칸의 길이는 3 mm…가 된다. 밀리미터는 눈금 사이의 간격이 작아서 보다 정확한 길이를 잴 수 있다.

▶ 길이, 미터, 센티미터

밑면 base plane

입체도형에서 밑부분이 될 수 있는 평평한 면

각기둥과 원기둥 등과 같은 입체도형에서 평행이 되는 두 면, 또는 각뿔과 원뿔 등과 같은 입체도형에서 뿔의 꼭짓점과 이웃하지 않은 면을 '밑면'이라고 한다.
각기둥과 원기둥의 밑면은 항상 2개이고, 두 밑면은 서로 평행하다. 한편, 각뿔과 원뿔의 밑면은 항상 1개이다.

각기둥, 원기둥 모양의 양면 도장은 밑면이 2개야.

각뿔, 원뿔의 밑면은 1개야.

▶ 각기둥, 각뿔, 원기둥, 원뿔, 입체도형

반 半 half

전체를 똑같이 둘로 나눈 것 중 하나

반은 전체의 $\frac{1}{2}$을 말한다.
반의 반은 전체의 $\frac{1}{4}$이다.

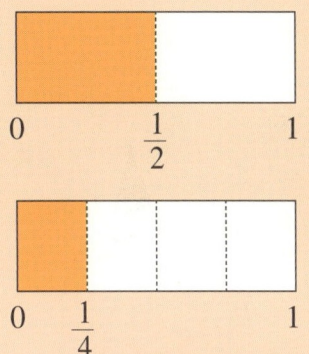

ㅂ

반비례 反比例 inverse proportion

두 양 x, y에서 x가 2배, 3배, 4배…로 변함에 따라 y는 $\frac{1}{2}$배, $\frac{1}{3}$배, $\frac{1}{4}$배…로 변하는 관계

x와 y가 반비례할 때 x, y의 곱은 항상 일정하다. (단, $x, y \neq 0$)
예를 들어 12개 케이크 조각을 x명이 y조각씩 나눠 먹는다고 할 때,
x가 2배, 3배, 4배…로 변함에 따라
y는 $\frac{1}{2}$배, $\frac{1}{3}$배, $\frac{1}{4}$배…로 변하게 된다.
즉 반비례 관계는 $x \times y = ★$ 또는
$y = \frac{★}{x}$ 로 나타낼 수 있다.

x	1	2	3	4	6	12
y	12	6	4	3	2	1

따라서
$y = \frac{12}{x}$, $x \times y = 12$이다.

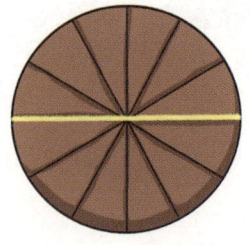
2명×6조각

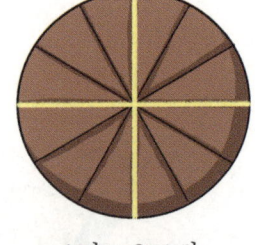
4명×3조각

6명×2조각

▶ 정비례

반직선 half line
한 점을 기준으로 한쪽 방향으로 뻗어나가는 직선

직선이 양쪽 방향으로 계속 뻗어나간다면, 반직선은 양쪽이 아닌 한쪽 방향으로만 계속 뻗어나간다.
따라서 반직선은 나가는 방향만 알 수 있다.

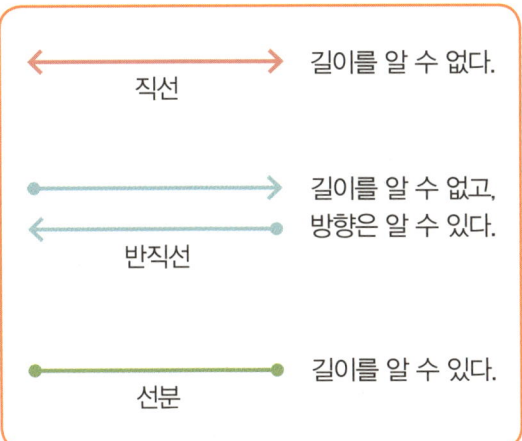

▶ 선분, 직선

받아내림 borrowing
뺄셈을 할 때 같은 자리의 수끼리 계산할 수 없을 경우 바로 윗자리의 수에서 10을 받아내려 계산하는 방법

뺄셈에서 원래의 수의 어떤 자리의 수가 빼려는 수보다 작다면, 원래 수에서 바로 윗자리 수의 일부를 아랫자리 수로 바꾸어 계산한다. 십진법에서는 10을 받아내려 계산한다.
256-38을 계산할 때, 6에서 8을 빼지 못하므로 십의 자리에서 10을 받아내림 하여 16에서 8을 뺀다.

▶ 받아올림, 뺄셈

받아올림 to advance more up

덧셈을 할 때 같은 자리의 수끼리의 합이 10이거나 10보다 크면 바로 윗자리로 10을 받아올려 계산하는 방법

받아올림을 하면 바로 윗자리의 숫자가 1 커진다.

▶ 덧셈, 받아내림

방정식 方程式 equation

미지수의 값에 따라 참이 되기도 하고, 거짓이 되기도 하는 등식

미지수, 즉 모르는 수의 값에 따라 참이 되기도 하고 거짓이 되기도 하는 등식을 '방정식'이라고 한다. 방정식은 등식이기 때문에 식에 등호가 있어야 하며, 미지수가 있어야 한다. 방정식에서 미지수는 주로 x를 사용하며, 방정식이 참이 되게 하는 미지수의 값을 구하는 것을 '방정식을 푼다', '방정식의 해를 구한다', '방정식의 근을 구한다'고 한다. 방정식을 풀 때에는 이항이나 등식의 성질을 이용해야 한다.

> **예** 등식 $x+4=8$에서
> $x=1$이면, $1+4=5 \neq 8$ (거짓)
> $x=2$이면, $2+4=6 \neq 8$ (거짓)
> $x=3$이면, $3+4=7 \neq 8$ (거짓)
> $x=4$이면, $4+4=8$ (참)
> ☞ $x=4$일 때, 등식 $x+4=8$이 성립한다.

▶ 등식, 등식의 성질, 미지수, 항등식, 일차방정식

방정식을 푼다
방정식을 참이 되게 하는 미지수의 값을 구하는 것

방정식은 미지수의 값에 따라 참이 되거나 거짓이 되는 등식이고, '방정식을 푼다'는 것은 참이 되는 미지수, 즉 모르는 수의 값을 구하는 것이다. 방정식이 참이 되게 하는 미지수의 값을 '방정식의 해' 또는 '방정식의 근'이라고 하는데, 방정식을 풀 때에는 등식의 성질을 이용하거나 이항을 이용하여 풀 수 있다.

방정식 풀기

예 등식 $x-2=10$을 풀어라.

▶ 등식의 성질을 이용하는 방법
$x-2=10$의 양변에 2를 더하면, $x-2+2=10+2$
$x=12$

▶ 이항을 이용하는 방법
$x-2=10$에서 -2를 이항하면, $x=10+2$
$x=12$

▶ 등식, 등식의 성질, 미지수, 방정식, 이항, 해

배수 倍數 multiple
어떤 자연수를 1배, 2배, 3배…한 수

3을 1배, 2배, 3배…하면 3×1=3, 3×2=6, 3×3=9…와 같다. 이렇듯 3을 1배, 2배, 3배…하여 얻은 수 3, 6, 9…를 '3의 배수'라고 한다.

어떤 수의 배수 중 가장 작은 수는 어떤 수 자신이 된다. 배수는 무수히 많이 존재하므로 가장 큰 수는 없다. 또 1의 배수는 1, 2, 3, 4, 5…와 같이 모든 자연수가 된다.

▶ 공배수, 최소공배수

백분율 百分率 percentage
전체를 100이라고 할 때 그 중에서 차지하는 정도

'어떤 팀이 이길 가능성은 60%이다', '저 선수가 이길 확률은 90%이다'와 같이 보통 가능성을 말할 때 백분율을 많이 사용한다. 백분율은 기준량이 100이므로 비율에 100을 곱하여 구하고 단위로 %(퍼센트)를 사용한다.

백분율 구하기
예) $\frac{7}{25} \rightarrow \frac{7}{25} \times 100 = 28\%$

$0.35 \rightarrow 0.35 \times 100 = 35\%$

▶ 비율, 확률

변 邊 side
각이나 다각형을 이루는 선분

각을 이루는 두 개의 반직선을 '변'이라고 하고, 다각형을 이루는 선분 역시 '변'이라고 한다. 다각형의 이름은 변의 개수에 따라 삼각형, 사각형…으로 정해진다.

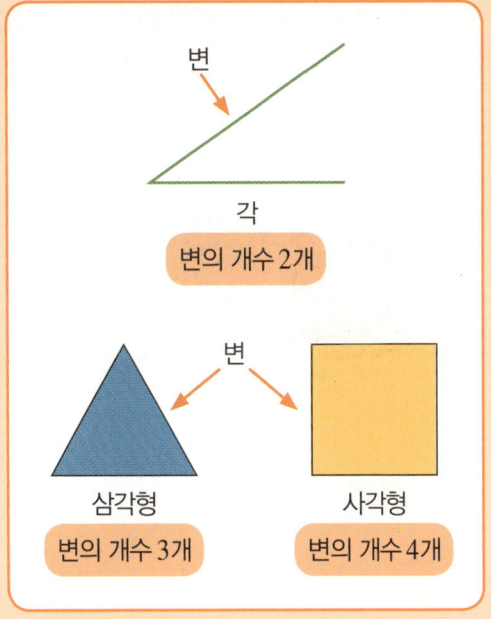

▶ 각, 다각형

변량 變量 variate
자료를 수량으로 나타낸 것

학생들의 성적을 조사하여 정리할 때, 그 변량은 점수가 되고, 서울시의 기온을 조사하여 정리할 때의 변량은 서울시의 기온이 된다. 이와 같이 어떤 통계 자료를 만들기 위해 수집한 자료를 수량으로 나타낸 것을 '변량'이라고 한다. 변량을 도수분포표로 나타내기 위해서는 변량을 알맞은 크기의 계급으로 나눌 필요가 있다. 변량을 그대로 나열하면 자료의 분포를 알아보기 쉽지 않다. 따라서 변량을 목적에 따라 알맞게 정리해야 활용하기 좋다.

점수	도수(명)
20이상 ~ 30미만	4
30 ~ 40	3
40 ~ 50	6
50 ~ 60	3
합계	16

도수분포표

▶ 도수분포표

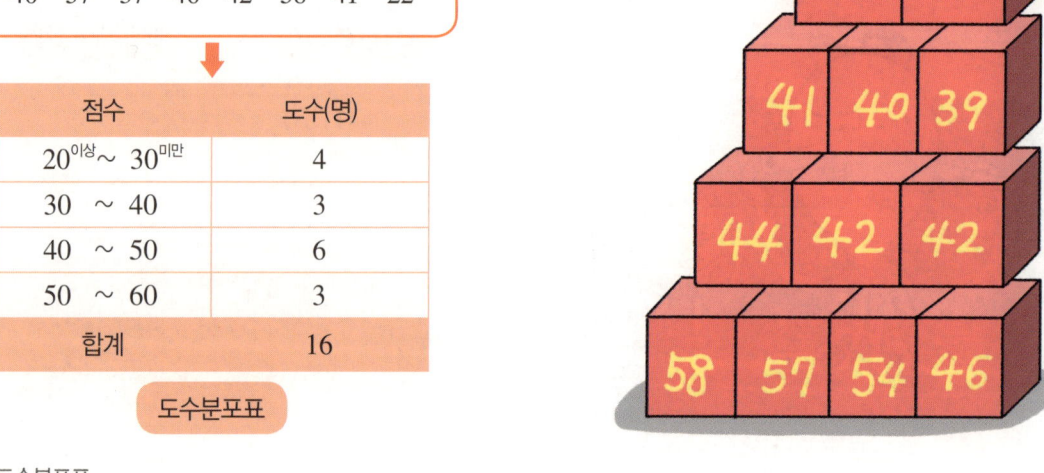

변수 變數 variable
여러 가지로 변하는 값을 나타내는 문자

변수는 수식에 따라 변하는 값으로, 보통 함수에서 많이 사용된다. 조건이나 환경에 관계없이 언제나 일정한 값을 가지는 상수와는 달리, 조건의 변화에 따라 그 값이 변할 수 있는 수가 바로 '변수'이다.

함수 $y=40\times x$에서 x의 값이 1, 2, 3, 4… 로 변할 때, y의 값은 40, 80, 120, 160… 으로 변한다. 이때 x, y와 같이 여러 가지 값을 가지는 문자를 '변수'라고 한다. 또한 방정식 $x+4=8$에서 미지수의 값인 x를 구할 때 x가 변수가 된다.

▶ 미지수, 방정식, 함수

보수 補數 complement
수의 합이 어느 일정한 수가 되게 하는 수

예를 들어 10에 대한 1의 보수는 9가 되고, 12에 대한 5의 보수는 7이 된다.
10의 거듭제곱 수에 대한 보수를 활용하면 덧셈과 뺄셈을 할 때 계산을 편리하게 할 수 있다.

- $8+5=(8+2)+3=10+3=13$
- $15-7=(10-7)+5=3+5=8$
- $78+54=(78+22)+32=100+32=132$
- $123-48=(100-48)+23=52+23=75$

▶ 덧셈, 뺄셈

ㅂ

부등식 不等式 inequality

부등호를 사용하여 수 또는 식의 대소 관계를 나타낸 식

수와 식의 크기를 비교할 때, 크고 작음을 나타내는 기호로 부등호가 있다. 부등호는 <, >, ≤, ≥의 4가지가 있으며, 이런 부등호가 있는 식이 '부등식'이다. 부등식의 조건을 만족하는 값을 '부등식의 해'라고 한다. 아래와 같이 부등식에서 부등호의 왼쪽 부분을 좌변, 오른쪽 부분을 우변이라고 하고, 좌변과 우변을 통틀어 양변이라고 한다.

$$x+2 > 3$$
좌변   우변
양변

부등식으로 나타내기

❶ ■는 ★보다 작다.   ■ < ★
  x는 3보다 작다. $x < 3$

❷ ■는 ★보다 크다.   ■ > ★
  x는 3보다 크다. $x > 3$

❸ ■는 ★보다 크거나 같다.   ■ ≥ ★
  x는 3보다 크거나 같다. $x \geq 3$

❹ ■는 ★보다 작거나 같다.   ■ ≤ ★
  x는 3보다 작거나 같다. $x \leq 3$

▶ 부등호, 일차부등식

부등호 不等號 sign of inequality

2개의 수나 식의 크기가 서로 같지 않을 때 나타내는 기호

>, <, ≤, ≥으로 나타낸다. A가 B보다 작다는 것을 A<B, 또는 B>A로 나타낸다. 또한 A가 B와 같거나 B보다 작다는 것을 A≤B로 나타낸다.

▶ 부등식

부채꼴 sector

원 둘레의 일부분이 그 원의 두 개의 반지름과 만나서 생긴 도형

부채꼴은 그 모양이 부채 모양과 비슷하여 '부채꼴'이라고 부른다. 부채꼴은 호와 원의 두 개의 반지름으로 둘러싸인 도형이다. 부채꼴의 중심각은 0°보다 크고, 360°보다 항상 작다. 또한 부채꼴의 중심각이 커지면 호의 길이가 늘어나고, 부채꼴의 넓이도 넓어진다.

▶ 반지름, 원

부피 volume

물체가 차지하는 공간의 크기

부피와 들이는 비슷하지만 서로 다르다. 부피는 물체가 공간에서 차지하는 크기이고, 들이는 그릇 안쪽의 크기이다. 따라서 병의 크기가 커진다고 해서 반드시 들이가 커지지는 않는다. 부피의 단위는 cm^3(세제곱센티미터), m^3(세제곱미터) 등이 있다.

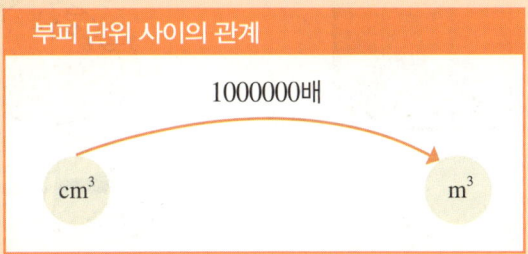

부피 단위 사이의 관계

▶ 들이

부피와 들이의 관계

부피는 그릇이나 통의 겉부분이 차지하는 공간의 크기이고, 들이는 통이나 그릇의 안쪽의 크기를 뜻함

부피의 단위는 cm^3(세제곱센티미터), m^3(세제곱미터)가 있고, 들이의 단위는 mL(밀리리터), L(리터)가 있다. 가로, 세로, 높이의 안치수가 1 cm, 10 cm인 그릇을 가득 채울 수 있는 양 $1\,cm^3$, $1000\,cm^3$를 1 mL, 1 L라고 한다. 따라서 $1\,cm^3 = 1\,mL$, $1000\,cm^3 = 1\,L$, $1\,m^3 = 1000\,L$이다.

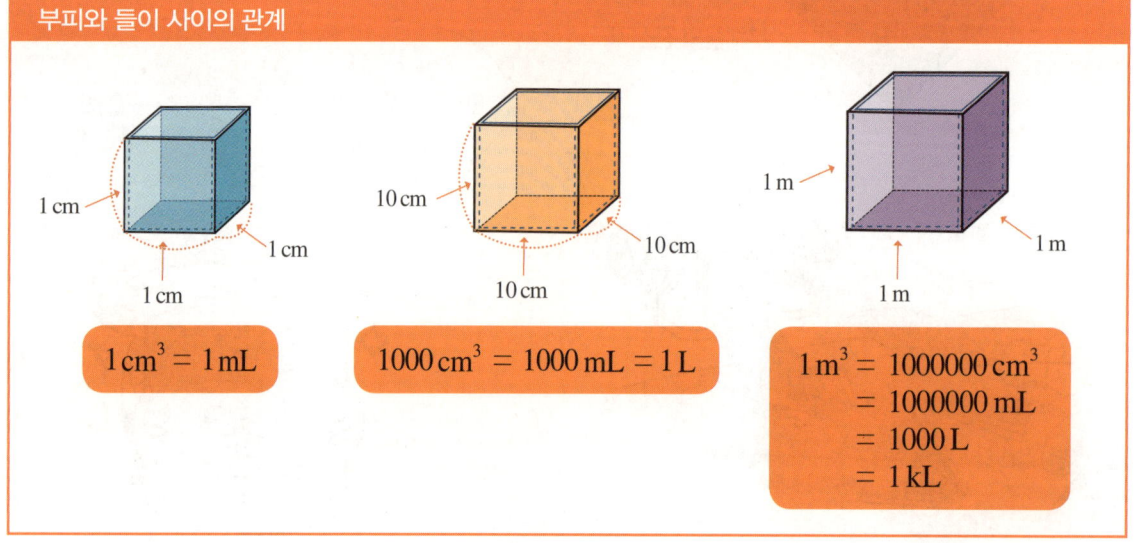

▶ 들이, 부피

분류하기 classfication
주어진 기준에 따라 구분하여 나누는 것

분류는 어떤 사물이나 현상, 개념 등을 비슷한 것끼리는 모으고, 다른 것은 구분하는 것으로, 분류는 자료 정리의 가장 바탕이 된다. 분류할 때의 기준은 목적에 따라 정할 수 있으며, 분류하여 셀 때에는 같은 종류별로 ○, ✓, × 등의 표시를 하면 빠뜨리지 않고 셀 수 있다.

▶ 집합

ㅂ

분수 分數 fraction
전체에 대한 부분을 나타내는 수

전체에 대하여 부분을 나타내는 수를 '분수'라고 한다. 분수는 분자, 가로선, 분모로 이루어져 있으며 가로선의 아래에 있는 분모는 전체를 똑같이 나눈 부분의 전체를 말하고, 가로선의 위에 있는 분자는 그중 일부를 말한다. 분모는 0이 될 수 없다.

$$\frac{(어떤 수)}{(0이 아닌 어떤 수)}$$

전체를 똑같이 8로 나눈 뒤 5에 해당하는 수를 $\frac{5}{8}$라 쓰고, '팔분의 오'라고 읽는다.

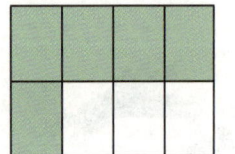

$$\frac{5}{8} \begin{matrix}\leftarrow 분자 \\ \leftarrow 가로선 \\ \leftarrow 분모\end{matrix}$$

▶ 가분수, 대분수, 분모, 분자, 진분수

분모 分母 denominator
분수에서 가로선의 아래에 있는 수

분수는 $\frac{(부분)}{(전체)}$을 나타내고 그중 분모는 전체가 모두 몇으로 똑같이 나누어져 있는지를 나타낸다. 분모는 0이 될 수 없다.

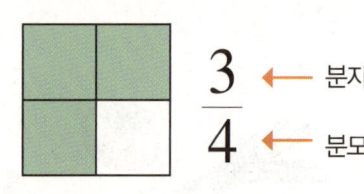

$$\frac{3}{4} \begin{matrix}\leftarrow 분자 \\ \leftarrow 분모\end{matrix}$$

전체를 0등분한 것은 존재하지 않으므로 0은 분모가 될 수 없어.

▶ 분수, 분자

크크. 머리가 가분수래요~!

분자 分子 numerator

분수에서 가로선의 위에 있는 수

분자는 전체가 똑같이 나누어진 것 중의 일부를 말한다.

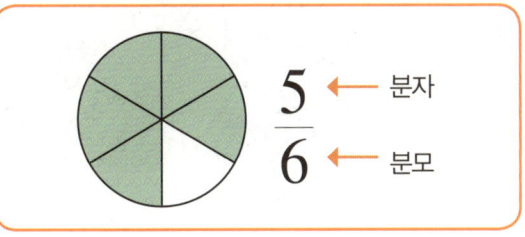

▶ 분모, 분수

분침 分針 minute hand

시계에서 분을 나타내는 바늘

시계는 긴바늘과 짧은바늘이 있다. 긴바늘은 1분, 2분, 3분…과 같이 '분'을 나타낸다. 그래서 긴바늘을 '분침'이라고 한다.

▶ 시각, 시간, 시침, 초침

비 比 ratio

두 수 ▲와 ★을 비교하려고 ▲ : ★과 같이 나타낸 것

집에서 빵을 만들 때 밀가루, 설탕, 소금, 베이킹 소다의 비를 일정하게 해줘야 빵을 제대로 만들 수 있다.
A와 B의 비가 1 : 2라는 것은 반드시 A는 1이고 B는 2라는 것이 아니다. A가 1일 때 B가 2라는 뜻으로 A가 2일 때는 B는 4, A가 3일 때는 B가 6이 된다.
비에서 앞에 오는 수를 '비교하는 양', 뒤에 오는 수를 '기준량'이라고 한다.

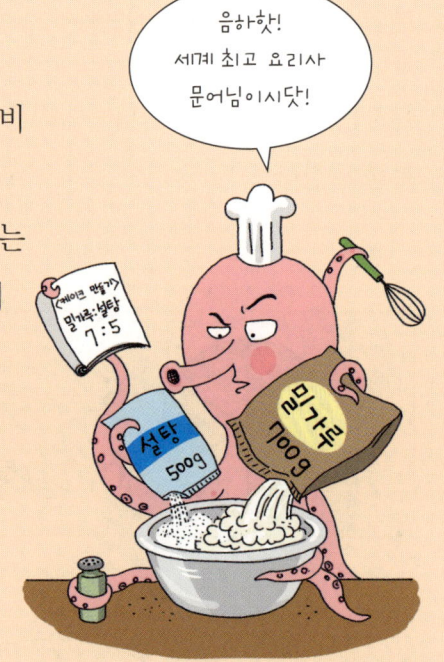

비를 읽는 여러 가지 방법

4 : 3 ➡ 4 대 3
비교하는 양 ⬅┘↓ ➡ 4와 3의 비
　　　　　기준량 ➡ 4의 3에 대한 비
　　　　　　　　 ➡ 3에 대한 4의 비

비의 성질 (1)

비의 전항과 후항에 0이 아닌 같은 수를 곱해도 비율은 같다.

$$4 : 3 = (4 \times 2) : (3 \times 2) = 8 : 6$$

비율 $\frac{4}{3}$ ⇔ 비율 $\frac{8}{6} = \frac{4}{3}$

비율이 $\frac{4}{3}$ 로 같다.

비의 성질 (2)

비의 전항과 후항을 0이 아닌 같은 수로 나누어도 비율은 같다.

$$12 : 10 = (12 \div 2) : (10 \div 2) = 6 : 5$$

비율 $\frac{12}{10} = \frac{6}{5}$ ⇔ 비율 $\frac{6}{5}$

비율이 $\frac{6}{5}$ 으로 같다.

▶ 비례식, 연비

비례식 比例式 proportional expression

비율이 같은 두 비를 등식으로 나타낸 식

비 1:2의 값은 $\frac{1}{2}$이다. 비 3:6의 값은 $\frac{3}{6}=\frac{1}{2}$이다. 따라서 비 1:2와 3:6은 비의 값 또는 비율이 같으므로 등호(=)를 사용하여 나타낼 수 있다.

3:4와 6:8의 비율은 $\frac{3}{4}$으로 같으므로 비례식 3:4 = 6:8과 같이 나타낼 수 있다.

3:4의 비율 ➡ $\frac{3}{4}$

6:8의 비율 ➡ $\frac{6}{8}=\frac{3}{4}$

따라서 3:4 = 6:8

비례식의 성질

비례식에서 내항의 곱과 외항의 곱은 같다.

예) 3:4=6:8 ➡ 4×6=3×8=24

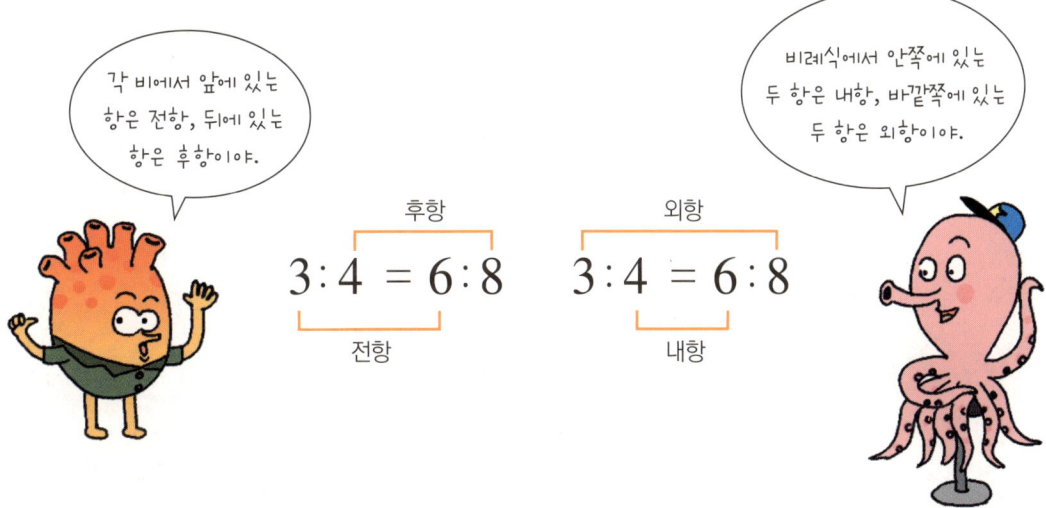

각 비에서 앞에 있는 항은 전항, 뒤에 있는 항은 후항이야.

비례식에서 안쪽에 있는 두 항은 내항, 바깥쪽에 있는 두 항은 외항이야.

3:4 = 6:8 (전항, 후항)

3:4 = 6:8 (내항, 외항)

▶ 비, 비례식, 연비

비례배분 比例配分 proportional distribution
전체를 주어진 비로 배분하는 것

전체 ●를 가 : 나 = ▲ : ◆로 비례배분하면 다음과 같다.

예를 들어 연필 10자루를 형과 동생이 2:3으로 비례배분하여
가지려면 몇 자루씩 가지게 되는지 구해 보면,

 (형) $= 10 \times \dfrac{2}{2+3} = 10 \times \dfrac{2}{5} = 4$(자루)

 (동생) $= 10 \times \dfrac{3}{2+3} = 10 \times \dfrac{3}{5} = 6$(자루) 와 같이 된다.

전체 ●를 가 : 나 : 다 = ▲ : ◆ : ■로 비례배분하면 다음과 같다.

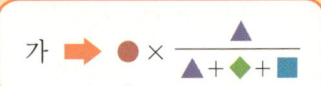 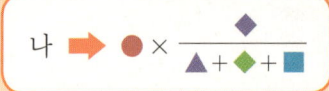 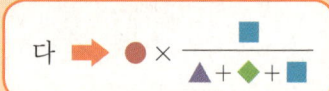

연비로 비례배분하기

예 12000원을 갑, 을, 병이 1 : 2 : 3으로 나누어 가질 때 각각 얼마씩 가지면 될까?

(갑)$=12000 \times \dfrac{1}{1+2+3}$

$=12000 \times \dfrac{1}{6}=2000$(원)

(을)$=12000 \times \dfrac{2}{1+2+3}$

$=12000 \times \dfrac{2}{6}=4000$(원)

(병)$=12000 \times \dfrac{3}{1+2+3}$

$=12000 \times \dfrac{3}{6}=6000$(원)

하나 더

국회의원 선거를 하면 정당 득표율에 따라 비례대표 의원을 선출하게 된다. 즉 정당 득표율이 높은 정당은 비례대표 의원을 많이 할당받게 되고, 낮은 정당은 적게 할당받게 된다.

▶ 비, 비례식, 연비

비율 比率 rate
기준량에 대한 비교하는 양의 크기

둘 이상의 수를 비교할 때, 한 수를 기준으로 하여 나타낸 다른 수를 비교하는 값으로 보통 기준이 되는 수는 $a : b$에서 b가 된다. 비율은 분수 또는 소수로 나타내는데, 비율에 100을 곱한 값이 '백분율'이고, 비율을 소수로 나타낼 때 사용하는 단위를 '할푼리'라고 한다.

예를 들어 물 50 mL에 코코아가루 30 mL를 탄 코코아차 80 mL에서 30 mL를 비교하는 양, 80 mL를 기준량이라고 한다. 이때 비율은 $\frac{30}{80}$이 된다.

$$(비율) = \frac{(비교하는\ 양)}{(기준량)}$$

비율을 나타내는 방법

- 전체를 기준으로 하여 부분을 비교할 때,
  - 기준량 ➡ 전체
  - 비교하는 양 ➡ 부분

- (비교하는 양) : (기준량)
  = (비교하는 양)과 (기준량)의 비
  = (기준량)에 대한 (비교하는 양)의 비

▶ 비, 비의 값, 할푼리

비율그래프 percentage graph
전체에 대한 각 항목의 비율을 나타낸 그래프

그래프 중에는 막대그래프나 그림그래프처럼 각 항목의 수를 나타내는 그래프와 각 항목의 수가 아닌 각 항목이 전체에서 차지하는 비율을 나타낸 것이 있다. 이런 그래프를 '비율그래프'라 하며, 비율그래프에는 띠그래프와 원그래프가 있다.
비율그래프를 그릴 때에는 각 항목의 수를 정리한 표를 보고, $\frac{(각\ 항목의\ 수)}{(전체\ 총합)}$로 각 항목이 차지하는 비율을 구하여, 그 비율만큼 띠 또는 원을 나누어 그린다.
예를 들어 채소별 텃밭의 넓이를 아래의 띠그래프와 원그래프로 표시할 수 있다.

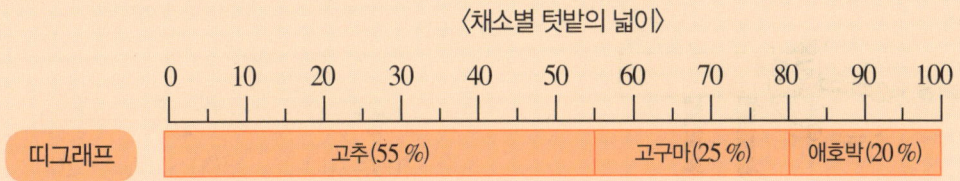

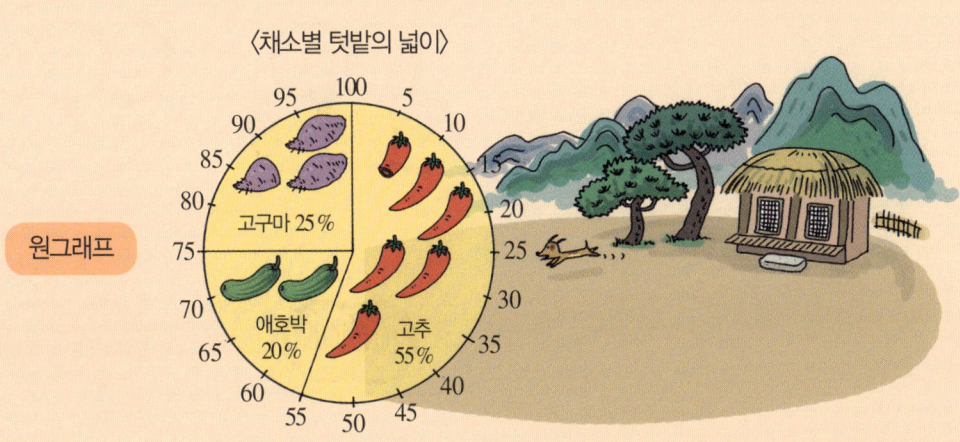

▶ 띠그래프, 원그래프

ㅂ

빼기 subtract
둘 이상의 수나 양을 가르거나 덜어내는 것

얼마큼의 수나 양에서 둘 이상의 수나 양을 가르거나 덜어내는 것을 '빼기'라고 한다. 예를 들어 5에서 2를 빼는 것을 '5-2'라 쓰고, '5 빼기 2'라 읽는다.

▶ 더하기, 뺄셈

뺄셈 subtraction
빼는 계산

두 수 중 앞의 수에서 뒤의 수를 뺀 결과를 구하는 계산을 말하며, '-'기호를 사용하여 나타낸다.

$$[가로셈] \quad 45-23=22 \qquad [세로셈] \quad \begin{array}{r} 45 \\ -23 \\ \hline 22 \end{array}$$

덧셈은 더하는 순서를 바꾸어도 그 결과가 같지만, 뺄셈은 계산 순서를 바꾸면 결과가 달라진다.

$$500-300=200 \qquad 300-500=-200$$

▶ 덧셈, 빼기

사각기둥 square pillar
밑면이 사각형인 각기둥

사각기둥의 면의 수는 옆면이 4개, 밑면이 2개이므로 모두 6개이고, 모서리의 수는 12개, 꼭짓점의 수는 8개이다.
사각기둥 중에서 마주 보는 면이 모두 평행이고, 합동인 사각기둥은 직육면체라고 한다.

사각뿔 quadrangular pyramid
밑면이 사각형인 각뿔

사각뿔의 밑면은 사각형이지만, 옆면은 삼각형이다. 사각뿔의 면의 개수는 옆면 4개, 밑면 1개로 모두 5개, 모서리의 수는 8개, 꼭짓점의 수는 5개이다.

▶ 각기둥, 직육면체

▶ 각뿔

사각형 四角形 quadrangle
4개의 선분으로 둘러싸인 도형

4개의 선분으로 모두 둘러싸여 있지 않거나, 4개의 선분으로 모두 이루어지지 않은 도형은 사각형이 아니다. 사각형을 이루는 선분을 '변'이라고 하고, 변과 변이 만나는 점을 '꼭짓점'이라 한다. 사각형의 변, 꼭짓점, 각의 수 모두 4개이다.
사각형은 변과 각의 특징에 따라 정사각형, 직사각형, 평행사변형, 사다리꼴, 마름모로 나뉜다.

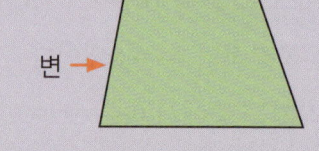

사각형의 특징

사각형 중에서 평행한 두 변이 있을 때 그 두 변 사이의 거리를 높이라고 한다.

사각형의 내각의 합은 360°이다.

▶ 내각, 다각형, 평면도형

사건 事件 event

같은 조건에서 반복할 수 있는 실험이나 관찰을 통해 얻어지는 결과

수학에서 사건은 실험이나 시행을 통해서 나타날 수 있는 결과를 뜻한다. 예를 들어 가위바위보를 할 때 한 명이 낼 수 있는 결과는 가위, 바위, 보의 3가지가 있다.

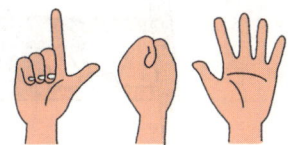

- 가위, 바위, 보를 할 때 일어날 수 있는 사건
  ☞ 가위가 나온다.
     바위가 나온다.
     보가 나온다.

- 주사위를 던질 때 일어날 수 있는 사건
  ☞ 짝수의 눈이 나온다.
     홀수의 눈이 나온다.

- 동전을 던질 때 일어날 수 있는 사건
  ☞ 앞면이 나온다.
     뒷면이 나온다.

주사위 한 개를 던질 때, 짝수의 눈이 나온다.

▶ 경우의 수, 확률

사다리꼴 trapezoid
마주 보는 한 쌍의 변이 평행한 사각형

사각형 중 사다리처럼 생긴 도형을 '사다리꼴'이라고 한다. 사다리꼴은 마주 보는 한 쌍의 변이 평행한 사각형이다. 즉 마주 보는 위와 아래의 변이나 왼쪽과 오른쪽에 있는 변 중 한 쌍의 변만 평행하면 사다리꼴이라고 할 수 있다.

사다리꼴에서 평행한 두 변을 밑변이라고 하고, 그중 위쪽의 변을 윗변, 아래쪽의 변을 아랫변이라고 한다. 윗변과 아랫변 사이의 거리가 사다리꼴의 높이이다.

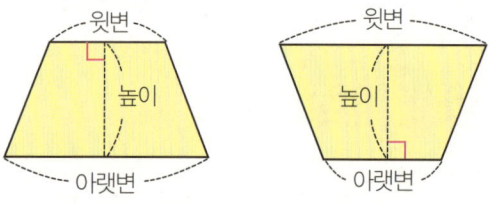

마주 보는 두 쌍의 변이 평행한 평행사변형, 마름모, 직사각형, 정사각형도 모두 사다리꼴이라고 할 수 있다.

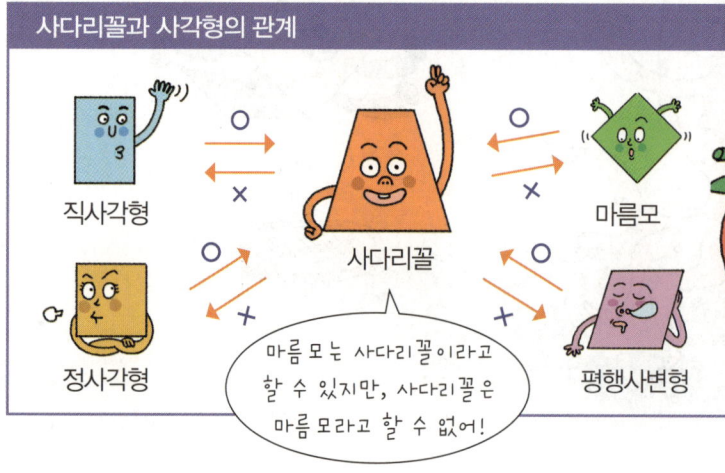

사다리꼴과 사각형의 관계

마름모는 사다리꼴이라고 할 수 있지만, 사다리꼴은 마름모라고 할 수 없어!

▶ 마름모, 사각형, 정사각형, 평행사변형

사다리꼴의 넓이

사다리꼴의 넓이는 윗변과 아랫변의 길이와 높이를 알면 구할 수 있다.
다음과 같이 모양과 크기가 같은 사다리꼴 2개를 붙여 평행사변형을 만들어보면 사다리꼴의 윗변과 아랫변의 합이 평행사변형의 밑변이 된다. 그리고 평행사변형의 높이는 사다리꼴의 높이와 같다. 따라서 사다리꼴의 넓이는 만들어진 평행사변형의 넓이를 2로 나누어서 구할 수 있다.
즉 사다리꼴의 넓이는
{(윗변)+(아랫변)}×(높이)÷2가 된다.

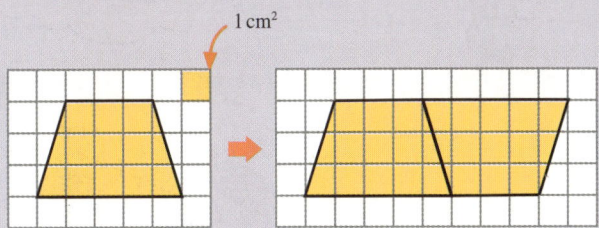

(사다리꼴의 넓이)
= (두 개를 합쳐 만든 평행사변형의 넓이)÷2
= (밑변)×(높이)÷2
= {(윗변)+(아랫변)}×(높이)÷2

▶ 다각형의 넓이, 사다리꼴

사칙연산 四則演算
four fundamental arithmetic operations

덧셈, 뺄셈, 곱셈, 나눗셈의 네 가지 계산

사칙연산 중 덧셈은 +, 뺄셈은 -, 곱셈은 ×, 나눗셈은 ÷ 기호를 사용한다.

사칙연산 기호의 유래

+ 7과 8에서 '과'는 라틴어로 'et'이라고 쓰는데, 이를 간단히 쓰면서 '+' 기호가 만들어졌다.

− 'minus'의 'm'을 약간 변형하여 '−'만 따서 쓰게 되면서 생겼다고 한다.

× '×' 기호를 처음 사용한 사람은 영국의 윌리엄 오트레드라고 알려져 있지만 어떻게 해서 그 기호를 사용했는지에 관한 이야기는 여러 가지가 있다. 그중 하나가 십자가를 보고 만들었다는 것이다.

÷ 3 나누기 4는 $\frac{3}{4}$을 나타내는데 '÷'는 $\frac{3}{4}$의 모양을 본떠서 만든 것이다.

▶ 곱셈, 나눗셈, 덧셈, 뺄셈

삼각기둥 trigonal prism
밑면이 삼각형인 각기둥

삼각기둥의 밑면은 삼각형이지만, 옆면은 사각형이다. 삼각기둥의 면의 수는 옆면이 3개, 밑면이 2개이므로 모두 5개이고, 모서리의 수는 9개, 꼭짓점의 수는 6개이다.

▶ 각뿔, 사각뿔, 삼각뿔

삼각뿔 trigonal pyramid
밑면이 삼각형인 각뿔

삼각뿔의 밑면과 옆면 모두 삼각형이다. 삼각뿔의 면의 개수는 옆면 3개, 밑면 1개이므로 모두 4개이고, 모서리의 수는 6개, 꼭짓점의 수는 4개이다.

▶ 각기둥, 삼각형

삼각형 三角形 triangle
3개의 선분으로 둘러싸인 도형

3개의 선분으로 둘러싸여 있지 않거나 3개의 선분으로 모두 이루어지지 않은 도형은 삼각형이 아니다.

삼각형을 이루는 선분을 '변'이라고 하고, 변과 변이 만나는 점을 '꼭짓점'이라고 한다. 삼각형의 변, 꼭짓점, 각의 수는 모두 3개이다. 삼각형은 변의 성질에 따라 정삼각형, 이등변삼각형으로 나뉘고, 각의 크기에 따라 예각삼각형, 둔각삼각형, 직각삼각형으로 구별할 수 있다.

삼각형의 특징

삼각형의 밑변과 한 점에서 수직으로 내려온 수선의 길이를 높이라고 한다.

삼각형의 세 각의 합은 180°이다.

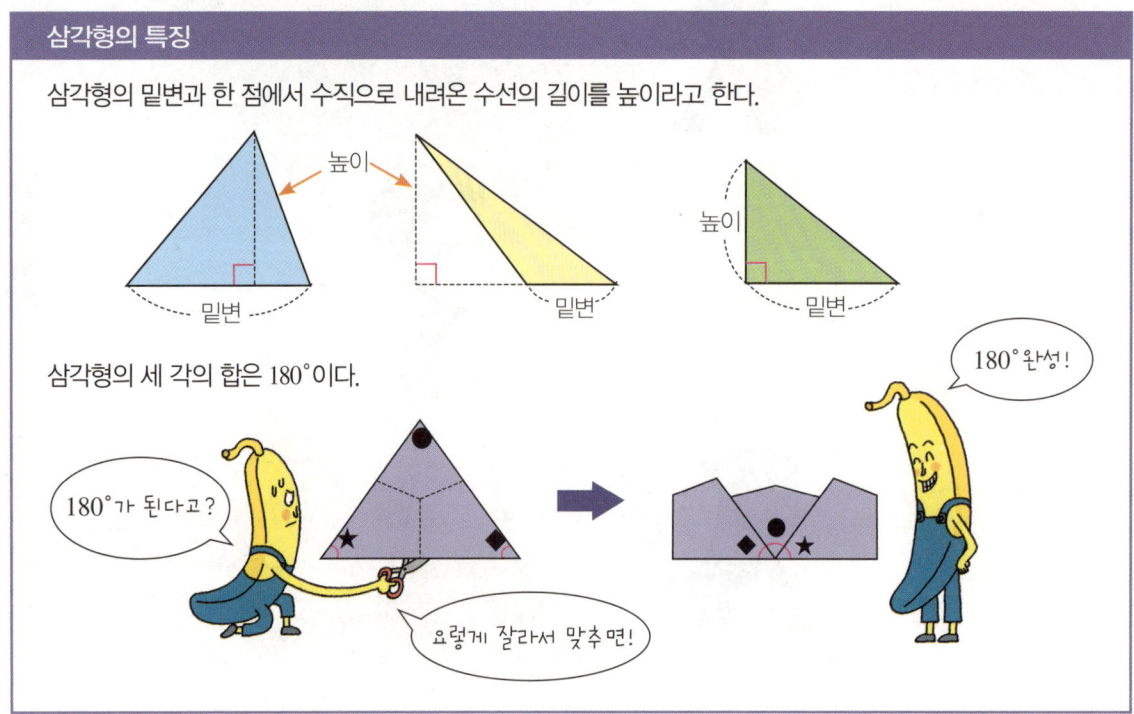

▶ 내각, 다각형, 평면도형

삼각형의 넓이

삼각형의 넓이는 밑변의 길이와 높이로 구할 수 있다. 다음과 같이 모양과 크기가 같은 삼각형 2개를 붙여서 평행사변형 모양으로 만들어 보자.

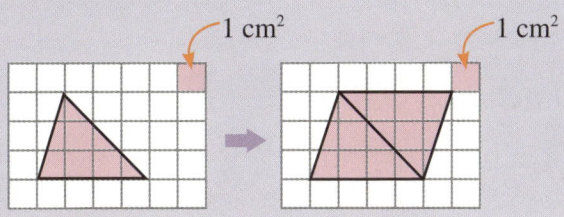

삼각형의 넓이는 평행사변형의 넓이의 반과 같다. 따라서 삼각형의 넓이는 (밑변)×(높이)÷2가 된다.

(삼각형의 넓이)
= (평행사변형의 넓이) ÷ 2
= (밑변) × (높이) ÷ 2

삼각형의 넓이는 삼각형의 모양이 서로 다르더라도 밑변의 길이와 높이가 같으면 넓이가 서로 같다.

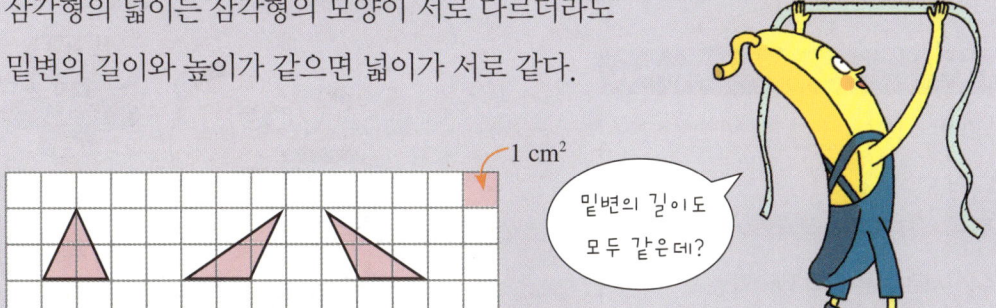

▶ 삼각형, 평행사변형

상대도수 相對度數 relative frequency

도수분포표에서 전체 도수에 대한 각 계급 도수의 비율

도수의 총합이 다른 두 집단에서 어느 계급의 도수가 많은지 적은지를 비교하는 것은 의미가 없다. 이런 경우에는 각 계급의 도수가 전체에서 차지하는 비율을 구해야 하는데, 이럴 때 상대도수를 사용한다. 도수분포표를 보고 각 계급의 상대도수를 나타낸 표를 '상대도수의 분포표'라고 하며, 상대도수의 분포표를 그래프로 나타내는 방법에는 히스토그램이나 도수분포다각형이 있다.

〈학생별 한 달에 읽은 책의 수〉

책의 수(권)	학생 수(명)	
	1학년 전체	1학년 1반
5이상 ~ 10미만	20	5
10 ~ 15	40	5
15 ~ 20	50	10
20 ~ 25	80	15
25 ~ 30	10	5
합계	200	40

도수분포표

〈학생별 한 달에 읽은 책의 수〉

책의 수(권)	상대도수	
	1학년 전체	1학년 1반
5이상 ~ 10미만	0.1	0.125
10 ~ 15	0.2	0.125
15 ~ 20	0.25	0.25
20 ~ 25	0.4	0.375
25 ~ 30	0.05	0.125
합계	1	1

상대도수의 분포표

상대도수의 특징

① 상대도수의 합은 1이다.

② (어떤 계급의 도수)
   =(전체 도수)×(그 계급의 상대도수)

③ 전체 도수가 서로 다른 여러 집단의 분포 상태를 비교할 때 유용하다.

▶ 도수분포표

상수 常數 constant
일정한 값을 가지는 수나 문자

상수는 항상 변하지 않는 값을 가진 수나 문자를 뜻한다. 특히 함수나 방정식에서 수는 '상수'라 하고, 문자가 상수인 경우도 있다.

▶ 변수

상수항 常數項 constant term
수로 이루어진 항

다항식에서 수 또는 문자의 곱으로 이루어진 식을 '항'이라고 한다. 이때 항 중에서도 상수, 즉 수만으로 이루어진 항을 '상수항'이라고 한다.

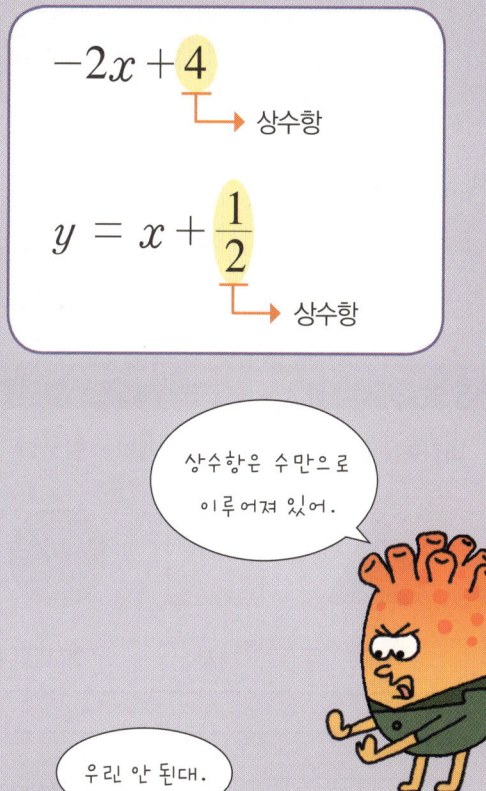

▶ 상수

선대칭도형 線對稱圖形 axially symmetric figure
어떤 직선으로 접어서 완전히 겹쳐지는 도형

반으로 접은 종이에 하트 모양 반쪽만 그리고 가위로 오려 보면 하트 모양이 만들어진다. 이때 하트 모양은 접은 선을 중심으로 왼쪽과 오른쪽이 완전히 겹쳐진다. 이렇게 어떤 직선으로 접어서 완전히 겹쳐지는 도형을 '선대칭도형'이라 하고, 이 직선을 대칭축이라고 한다. 선대칭도형의 대칭축을 중심으로 완전히 겹쳐지는 점을 대응점, 겹쳐지는 변을 대응변, 겹쳐지는 각을 대응각이라고 한다.

대응변의 길이는 대칭축을 중심으로 서로 같다. 그리고 대응각의 크기도 서로 같다. 또한 대응점은 대칭축을 중심으로 같은 거리에 있다. 대응점끼리 잇는 선분은 대칭축과 수직으로 만난다.

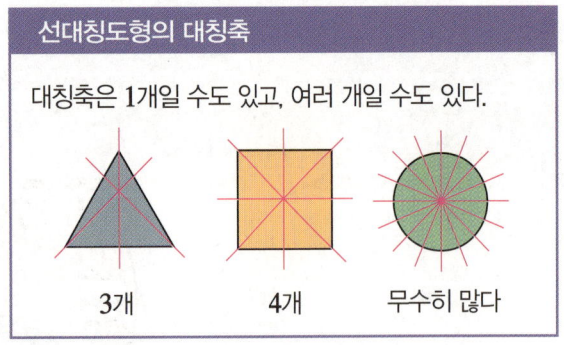

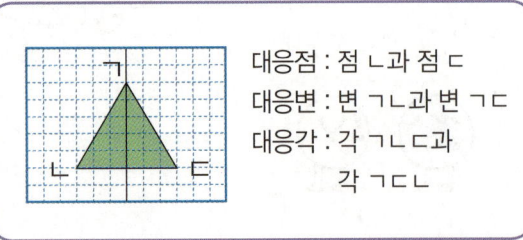

▶ 선대칭의 위치에 있는 도형, 점대칭도형

선대칭의 위치에 있는 도형
대칭축을 따라 접었을 때 완전히 포개어지는 두 도형

종이 위에 물감으로 삼각형을 그린 다음 반으로 접으면 반대쪽에 똑같은 삼각형이 그려진다. 이렇게 어떤 직선으로 접어서 두 개의 도형이 완전히 포개어질 때 두 도형을 '선대칭의 위치에 있는 도형'이라고 하고, 이때의 직선을 대칭축이라고 한다. 선대칭의 위치에 있는 도형은 선대칭도형과 달리 대칭축이 1개뿐이다.

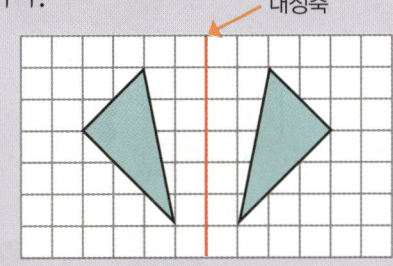

선대칭의 위치에 있는 도형의 대응변의 길이는 대칭축을 중심으로 서로 같다. 그리고 대응각의 크기도 서로 같다. 또한 대응점은 대칭축을 중심으로 같은 거리에 있다. 대응점끼리 잇는 선분은 대칭축과 수직으로 만난다.

▶ 선대칭도형, 점대칭도형, 점대칭의 위치에 있는 도형

선분 線分 line segment
두 점을 곧게 이은 선

곧은 선의 종류에는 선분과 직선이 있다. 선분은 두 점을 곧게 이은 선이고, 선분의 양쪽을 끝없이 늘인 곧은 선이 바로 직선이다. 즉 직선의 일부분이 선분이다. 선분은 양끝점의 길이를 잴 수 있지만 직선은 길이를 잴 수 없다. 그래서 선분은 '짧다, 길다'라고 할 수 있지만, 직선은 '짧다, 길다'라고 할 수 없다.

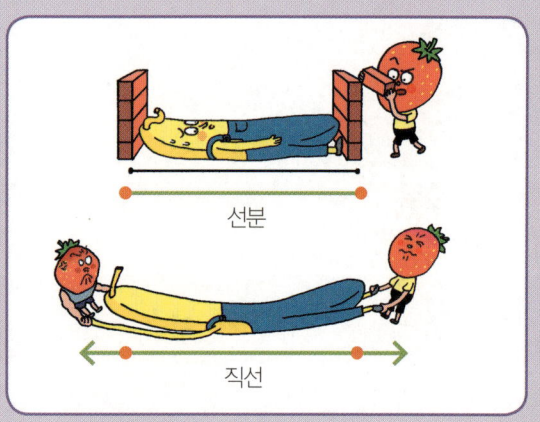

▶ 반직선, 직선

세제곱미터 cubic meter
단위 기호 m³로 나타내는 부피의 단위

$1\,m^3$는 가로, 세로, 높이가 각각 $1\,m$인 정육면체의 부피와 같고, $1\,m^3$는 $1000\,L$와 같다.

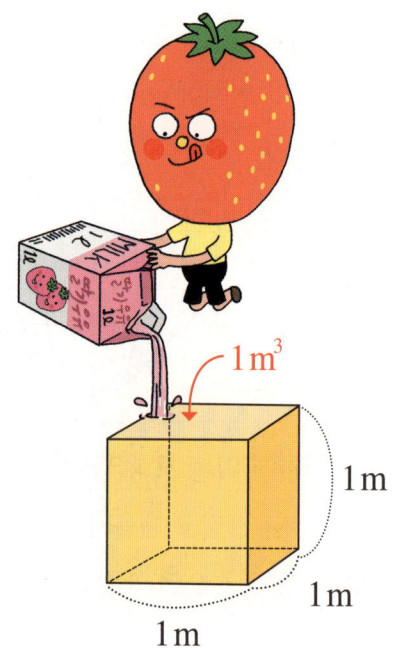

$$1\,m^3 = 1000\,L$$

$1\,m^3 = 1\,m \times 1\,m \times 1\,m$
$\quad\quad = 100\,cm \times 100\,cm \times 100\,cm$
$\quad\quad = 1000000\,cm^3$
$\quad\quad = 1000\,L$

▶ 부피, 제곱미터

세제곱센티미터 cubic centimeter
단위 기호 cm³로 나타내는 부피의 단위

$1\,cm^3$는 가로, 세로, 높이가 각각 $1\,cm$인 정육면체의 부피와 같다. $1\,cm^3$는 $1\,mL$(밀리리터)와 같으며, $1000\,mL$는 $1\,L$(리터)이다.

$$1\,cm^3 = 1\,mL$$

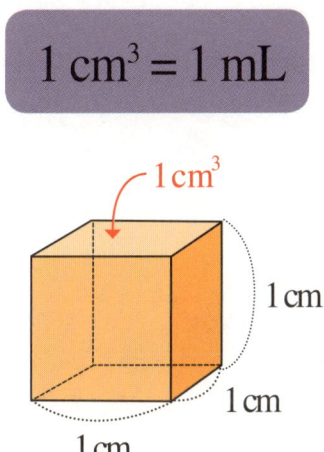

▶ 부피, 제곱미터

센티미터 centimeter
단위 기호 cm로 나타내는 길이의 단위

자에서 작은 눈금 10칸이 모이면, 큰 눈금 1칸이 되는데, 이때 길이를 $1\,cm$라고 하고, '일 센티미터'라고 읽는다. 따라서 $10\,mm$가 $1\,cm$이다.

$$1\,cm = 10\,mm$$

▶ 길이, 미터, 밀리미터

소거 消去 elimination
지워서 없앰

일반적으로 미지수가 2개인 연립방정식의 해를 구하려면 미지수가 1개인 일차방정식으로 만들어야 한다. 해를 구하기 위해 한 미지수를 없애는 것을 '그 미지수를 소거한다'라고 한다. 이때 두 일차방정식을 변끼리 더하거나 빼서 한 미지수를 소거하여 연립방정식의 해를 구하는 방법을 '가감법', 한 방정식을 다른 방정식에 대입하여 한 미지수를 소거하여 연립방정식의 해를 구하는 방법을 '대입법'이라고 한다. 두 가지 방법 중 어떠한 것으로 미지수를 소거해도 해는 같으므로 편리한 방법을 선택하여 푼다.

가감법과 대입법으로 소거하기

연립방정식의 해를 구하려면 한 미지수를 소거해야 한다. 그 방법으로는 가감법과 대입법이 있다.

가감법

두 일차방정식을 변끼리 더하거나 빼어서 한 미지수를 소거하여 연립방정식의 해를 구하는 방법

대입법

한 방정식을 다른 방정식에 대입하여 한 미지수를 소거하여 연립방정식의 해를 구하는 방법

▶ 가감법, 대입법, 연립방정식

소수 小數 decimal number
일의 자리보다 작은 자릿값을 가진 수

일의 자리보다 작은 자릿값을 나타낼 때 1을 10등분 한 것 중 하나를 0.1, 1을 100등분 한 것 중 하나를 0.01과 같이 나타낼 수 있고, 이러한 수를 '소수'라고 한다.

$\frac{1}{10}$ 과 크기가 같은 0.1은 '영점 일'이라 읽는다.

$\frac{1}{100}$ 과 크기가 같은 0.01은 '영점 영일'이라 읽는다.

$\frac{1}{1000}$ 과 크기가 같은 0.001은 '영점 영영일'이라 읽는다.

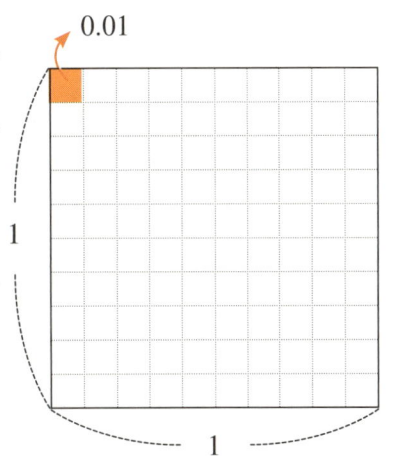

십의 자리 / 일의 자리 / 소수점 / 소수 첫째 자리 / 소수 둘째 자리

일의 자리보다 작은 자릿값을 분수로 나타내어 물건의 길이나 무게를 비교하면 분모를 똑같이 만들어야 하는 번거로움이 있다. 따라서 분수들의 분모를 10의 거듭제곱으로 만들어서 소수로 표현하면 크기를 비교하기에 매우 편리하다.

12.34는 십이점 삼십사가 아니라 십이점 삼사라고 읽어.

▶ 분수

소수 素數 prime number
1과 자기 자신만을 약수로 갖는 자연수

소수는 더 이상 작은 수의 곱으로 분해할 수 없는 수로서 2, 3, 5, 7, 11…과 같이 1과 자기 자신으로만 나누어떨어지는 수이다. 예를 들어 5는 약수로 1과 5만을 가지고 있으므로 소수이고, 6은 약수로 1, 2, 3, 6을 가지고 있으므로 소수가 아니다. 또 1은 약수가 자기 자신밖에 없으므로 소수가 아니다.

에라토스테네스(BC 276 ~ BC 194)
그리스의 수학자이자 천문학자 에라토스테네스의 체를 고안하고, 최초로 지구 둘레를 해시계로 계산했다.

소수 구하는 법 (에라토스테네스의 체)
그리스의 수학자 에라토스테네스가 고안한 소수를 찾는 방법으로 2부터 시작해서 자연수를 차례로 쓴 다음 2를 제외한 2의 배수들은 모두 지우고, 3을 제외한 3의 배수들을 모두 지우는 방법을 반복하여 남는 수들의 배수를 지워나가면 마지막에는 소수들만 남게 되는 방법이다.

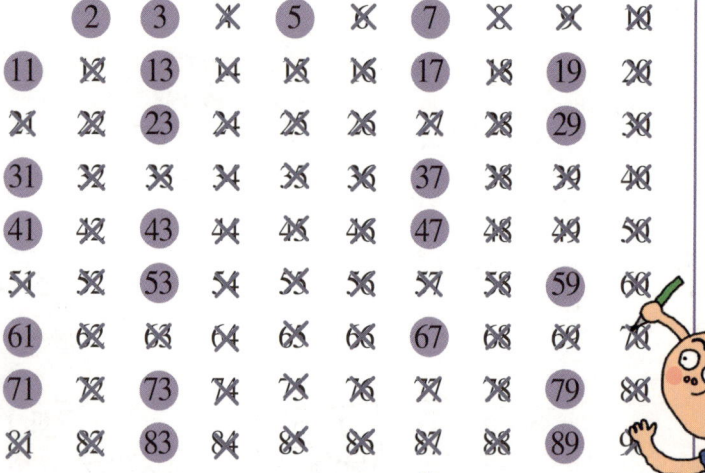

▶ 약수, 합성수

소인수 素因數 prime factor

소수인 약수

소인수는 어떤 수의 약수 중에서 소수인 수를 말한다. 예를 들어 6의 약수 1, 2, 3, 6 중 소인수는 2와 3이다.

▶ 소수, 소인수분해, 합성수

소인수분해 素因數分解 prime factorization

어떤 자연수를 소수들의 곱으로 나타낸 것

어떤 자연수를 다른 자연수의 곱으로 나타낼 수 있다. 그 방법 중 소수들의 곱으로 나타내는 것을 '소인수분해'라고 한다. 28의 약수는 1, 2, 4, 7, 14, 28이므로 이 중 소인수는 2와 7이다. 28을 2와 7의 곱으로 나타내면 $2 \times 2 \times 7$로 나타낼 수 있다.

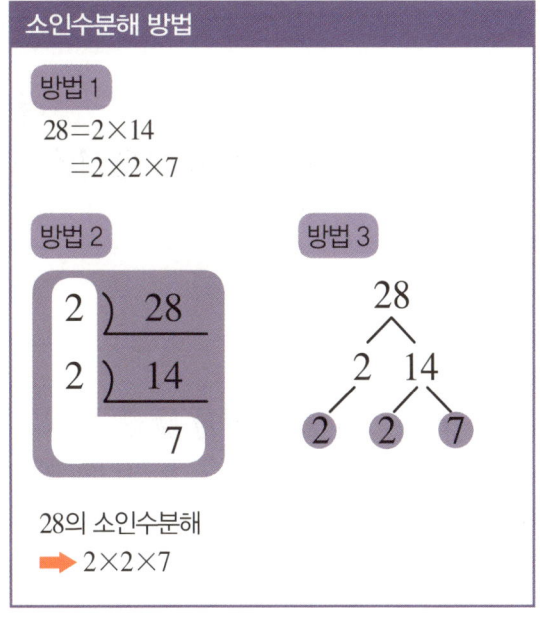

▶ 소수, 소인수

수 數 number
물건의 개수나 양을 나타낸 값

수는 일반적으로 물건의 개수나 양을 나타낼 때 사용된다. 수 개념이 언제부터 생겼는지는 정확히 알 수 없다. 하지만 수를 나타내는 숫자를 직접 사용하지 않던 때에도 열매 5개, 물고기 5마리, 손가락 5개는 똑같은 수라는 것을 알고 생활에서 수 개념을 사용했으리라 추측되어진다.

다양한 수 표현 방법

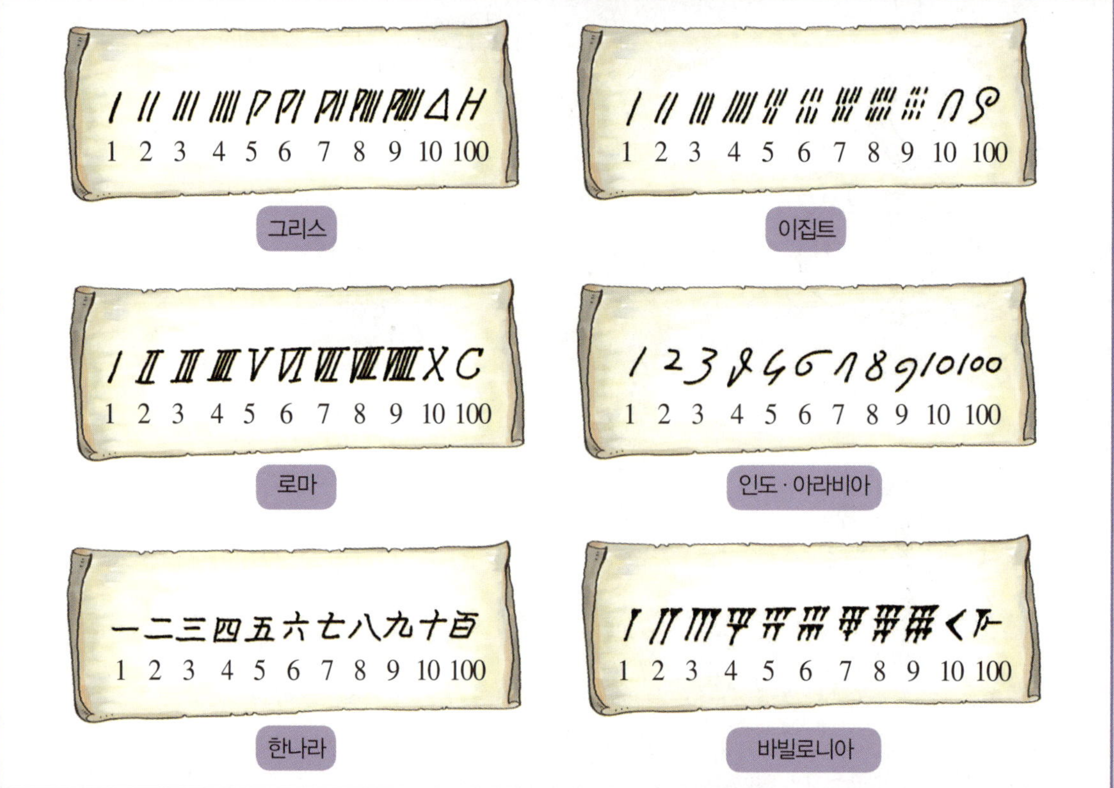

그리스

이집트

로마

인도·아라비아

한나라

바빌로니아

▶ 수 배열표, 숫자

수 배열표

일정한 규칙에 따라 수를 늘어놓은 표

어떤 수의 다음 수는 어떤 수보다 1 큰 수이다. 9보다 1 큰 수는 일의 자리 숫자가 0이 되면서 두 자리 수가 된다. 수 배열표는 이런 수의 규칙을 표로 나타낸 것이다.

오른쪽으로 한 칸씩 갈 때 1씩 커진다.

아래로 한 줄씩 내려갈 때 10씩 커진다.

오른쪽 위에서 왼쪽 아래로 향하는 대각선에 있는 수들은 9씩 커진다.

왼쪽 위에서 오른쪽 아래로 향하는 대각선에 있는 수들은 11씩 커진다.

▶ 수, 수열

수선 垂線 perpendicular
수직인 직선

두 직선이 서로 수직으로 만날 때 한 직선에 대해 수직인 직선이 수선이다. 따라서 두 직선은 서로 수직이므로 두 직선 모두 서로의 수선이다. 또한 면과 직선이 서로 수직으로 만날 때 면에 대해 수직인 직선이 수선이 된다.

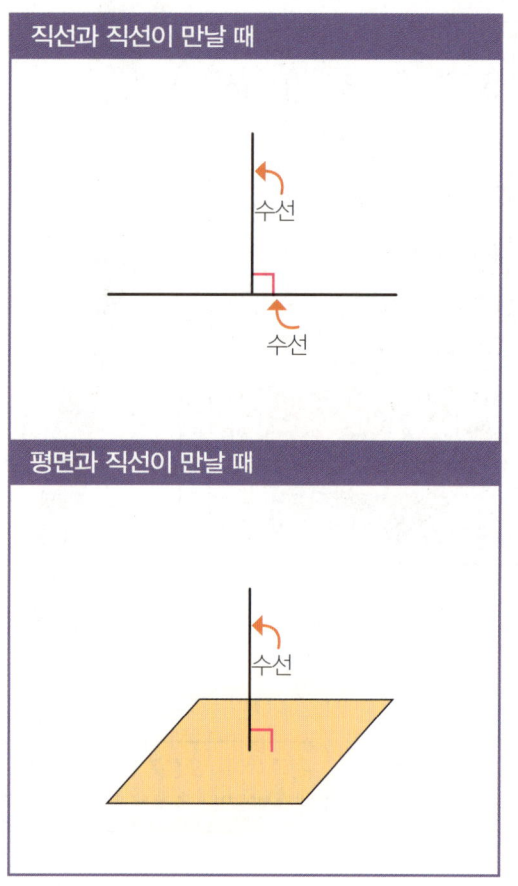

▶ 수직, 직각

수열 數列 sequence
일정한 순서를 가진 수들의 모임

일정한 규칙을 가지고 나열된 수열은 다음과 같다.

1 2 3 4 5 6 7 8⋯   ☞ 1씩 커지는 규칙

3 7 11 15 19 23 27⋯   ☞ 4씩 커지는 규칙

피보나치 수열

이탈리아의 수학자 이름을 딴 피보나치 수열은 자연이나 예술에서도 발견된다. 피보나치 수열은 첫째 항이 0, 둘째 항이 1인 수 뒤로 앞의 두 수의 합을 바로 뒤에 써서 만들어진 수의 배열이다.
0, 1, 1, 2, 3, 5, 8, 13, 21⋯과 같이 나타내며 일반적으로 가장 앞의 0은 생략해서 첫째 항이 1, 둘째 항이 1인 1, 1, 2, 3, 5, 8, 13, 21⋯과 같이 나타낸다.

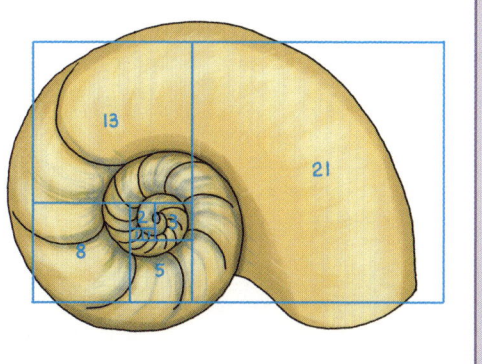

▶ 수, 수 배열표

수직 垂直 perpendicularity

두 직선이나 면이 서로 직각으로 만난 상태

두 직선이 서로 직각으로 만나거나 두 면이 서로 직각으로 만나면 수직이 된다. 또한 직선과 면이 서로 직각으로 만나도 서로 수직이 된다.

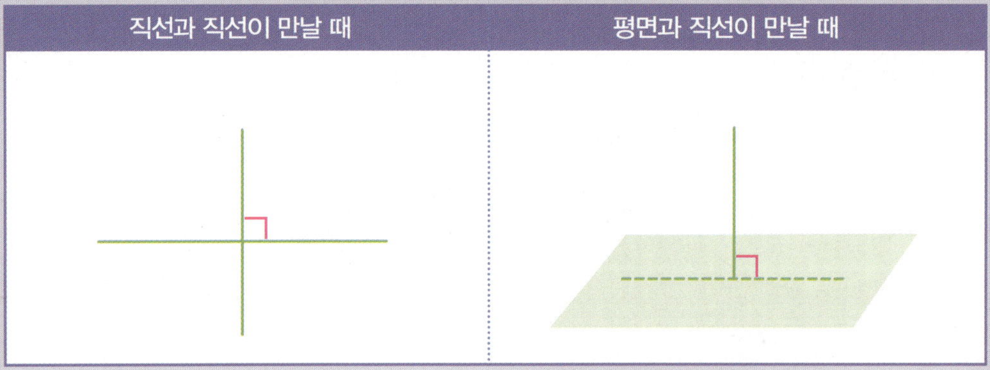

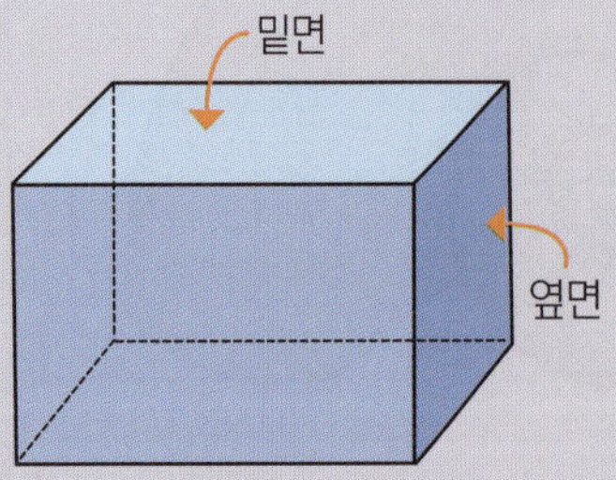

▶ 수선, 직각

수직선 數直線 real number line
직선 위에 똑같은 간격으로 눈금을 그어 수를 나타낸 직선

수직선은 0을 기준으로 오른쪽에 있는 수는 0보다 큰 수인 양수이고, 왼쪽에 있는 수는 0보다 작은 수인 음수이다. 수직선에서 오른쪽으로 갈수록 그 수가 커지고, 반대로 왼쪽으로 갈수록 그 수가 작아진다.

수직이등분선 垂直二等分線 perpendicular at midpoint
한 선분의 중점을 지나고, 그 선분에 수직인 직선

한 선분의 중점 O를 지나면서 직각이 되도록 그은 직선을 그 선분의 '수직이등분선'이라고 한다. 이때 수직이등분선에서 선분의 양 끝점까지의 거리는 서로 같다.

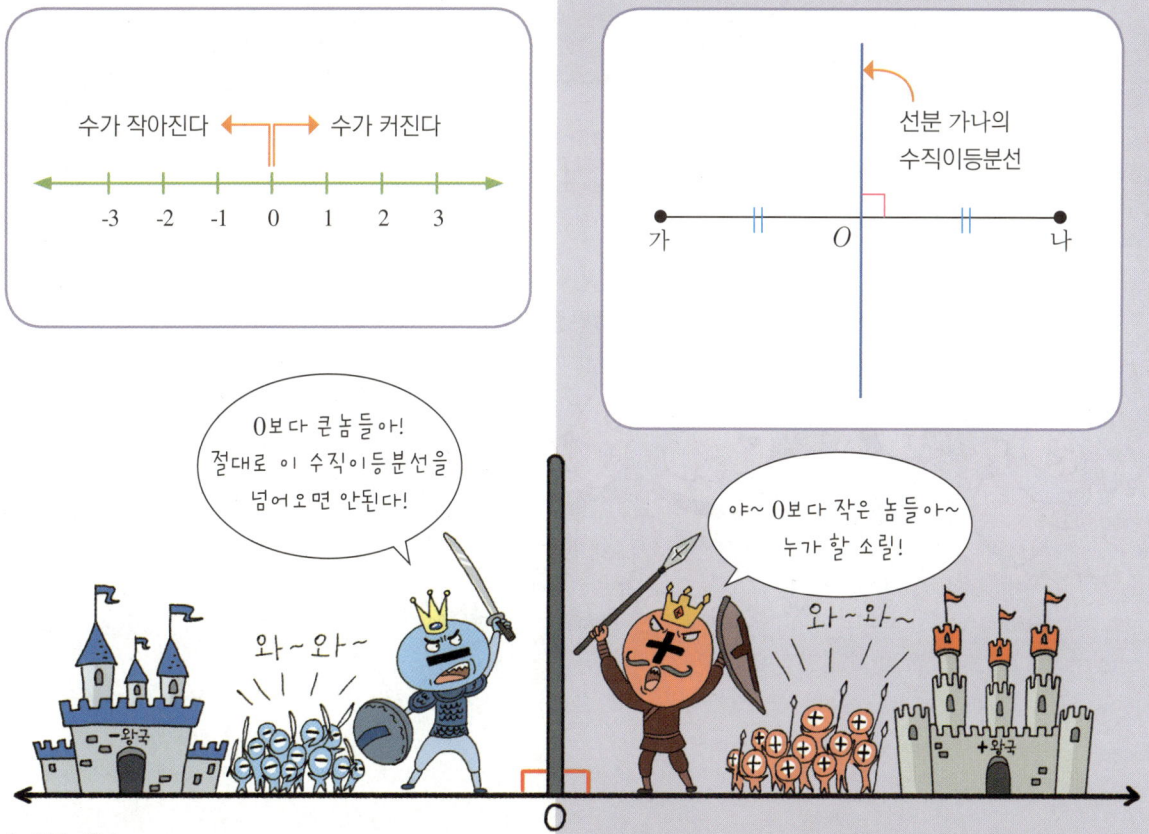

▶ 양수, 음수

▶ 선분, 직각

순서수 順序數 ordinal number
차례를 나타내는 수

크기와는 관계없이 차례를 정하는 것으로, 1, 2, 3, 4, 5…는 첫째, 둘째, 셋째, 넷째, 다섯째…와 같이 차례를 나타낸다.

우리는 일곱 난쟁이~

| 1 | 2 | 3 | 4 | 5 | 6 | 7 |
| 첫째 | 둘째 | 셋째 | 넷째 | 다섯째 | 여섯째 | 일곱째 |

▶ 수

순서쌍 順序雙 ordered pair
두 수의 순서를 정하여 (★, ■)의 꼴로 짝지어 나타낸 것

두 수를 묶어서 나타낼 때 순서를 정하여 묶어서 나타낼 필요가 있는 경우에 순서쌍을 사용한다. 특히 순서쌍은 경우의 수나 좌표를 나타낼 때 자주 쓰이는데, 경우의 수에서 순서쌍은 괄호를 사용해 (앞에 나오는 경우, 뒤에 나오는 경우)로 나타낸다. 좌표평면에서는 (x좌표, y좌표)를 나타낸다.

$$(2,3) \cdots (3,2)$$
같지 않음

동전 1개, 주사위 1개의 순서쌍

● 동전 한 개와 주사위 한 개를 던졌을 때 나오는 경우를 순서쌍 (동전, 주사위)로 알아보자.
→ (앞면, 1), (앞면, 2), (앞면, 3),
(앞면, 4), (앞면, 5), (앞면, 6),
(뒷면, 1), (뒷면, 2), (뒷면, 3),
(뒷면, 4), (뒷면, 5), (뒷면, 6)

딱밤 세 대씩이다! 난, 동전으로!

홀짝 맞추기다! 난, 주사위로!

좌표평면 순서쌍

● x좌표가 2이고, y좌표가 3인 점의 좌표
→ (2, 3)

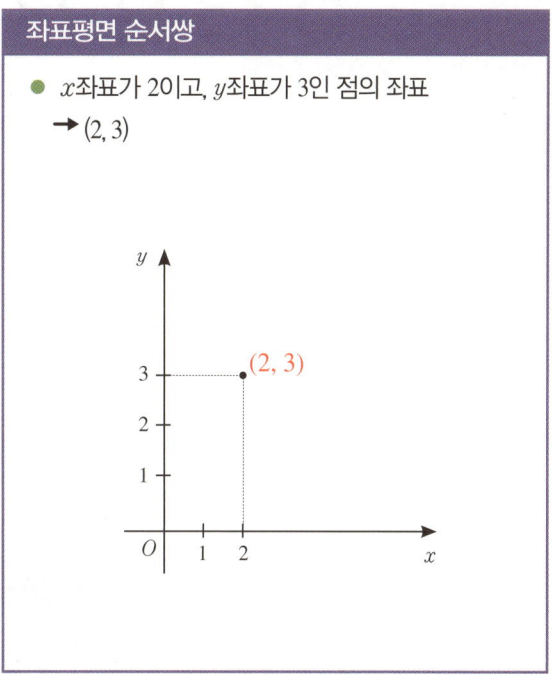

▶ 경우의 수, 좌표평면

순환소수 循環小數 periodial decimal
소수점 아래 어떤 자리에서부터 일정한 숫자가 무한히 반복되는 소수

0.123123…이나 15.7777…과 같이 소수점 이하의 어떤 자리에서부터 일정한 숫자가 무한히 반복되는 소수를 '순환소수'라고 한다. 순환소수에서 반복되는 소수들의 한 마디를 '순환마디'라고 한다. 순환소수는 순환마디를 이용해서 간단히 나타낼 수 있다.

$0.33333333\cdots$은 순환소수 $0.\dot{3}$으로 나타낼 수 있고, 순환마디는 3이다.

$0.185185185\cdots$의 순환마디는 185이고, 순환소수로 나타내면 $0.\dot{1}8\dot{5}$이다.

▶ 소수, 유리수

숫자 數字 number
수를 나타내는 기호

수는 볼 수도 만질 수도 없기 때문에 수를 나타내는 숫자가 있어야 한다. 숫자가 없던 때에는 수를 작은 돌멩이의 개수로 나타내거나, 끈에 매듭을 묶어 나타내거나 막대기에 칼로 자국을 나타내는 등의 방법으로 수를 나타내기도 했다. 그러다가 점차 수를 나타낼 수 있는 숫자가 나타났는데, 숫자는 나라와 시대에 따라 서로 다른 기호를 사용했다. 현재 사용하는 1,2,3,4…는 인도·아라비아 숫자이다.

인도·아라비아 숫자 5	➡	로마 숫자 V
인도·아라비아 숫자 10	➡	그리스 숫자 Δ
인도·아라비아 숫자 19	➡	고대 바빌로니아 숫자 <𝍬

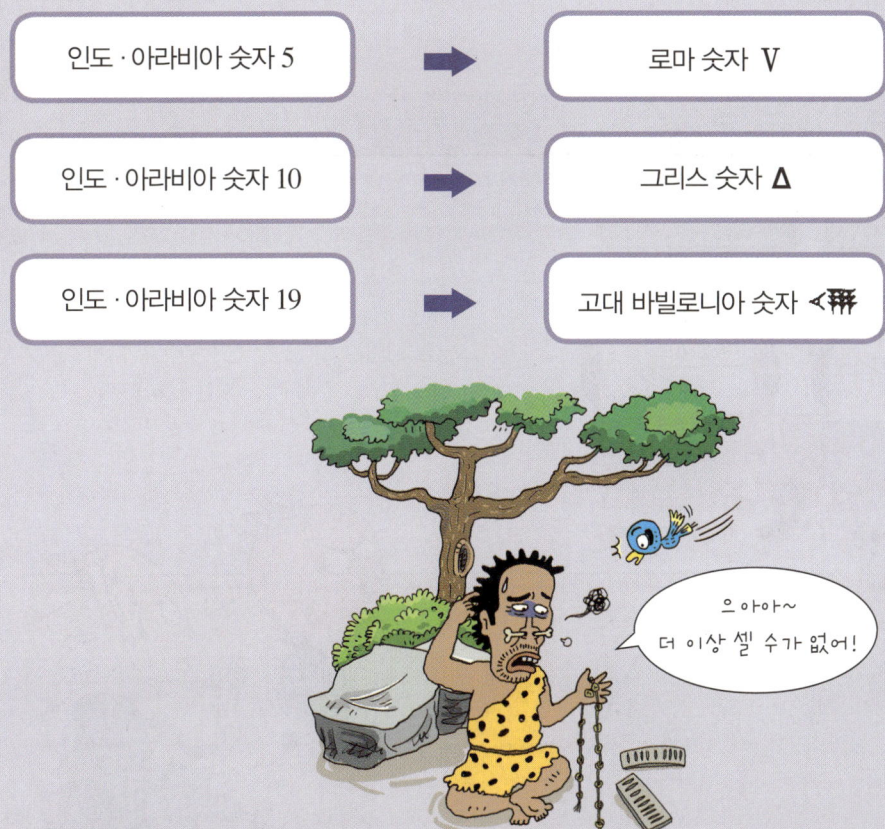

▶ 수

시각 時刻 timing
어느 한 시점

시각은 어느 한 시점을 나타내는 때를 말한다. 예를 들어 서울에서 대구로 가는 버스의 출발 '시간' 9시가 맞을까? 출발 '시각' 9시가 맞을까? 시간은 버스를 탄 동안을 말하고, 시각은 버스를 탄 때를 말한다. 따라서 '출발 시각 9시' 가 맞다. 시각의 단위는 시, 분, 초가 있다.

시간 時間 time
어떤 시각에서 어떤 시각까지의 사이

'수영을 1시부터 3시까지 2시간 동안 했다', '3시부터 4시까지 1시간 동안 버스를 탔다', '빵을 굽는 데 걸린 시간은 1시간이다.'와 같이 어떤 시각에서 어떤 시각까지의 사이를 '시간'이라고 한다. 예를 들어 서울에서 9시에 출발하여 12시에 도착했다면 이때 버스가 도착한 시각은 12시이고, 버스를 탄 시간은 3시간이다.

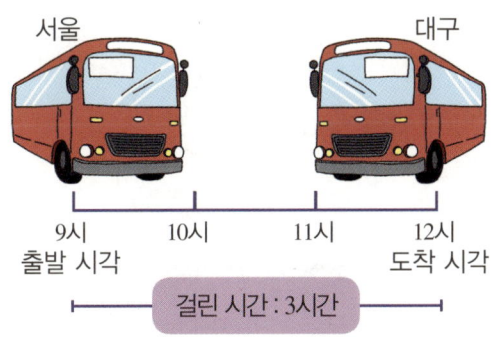

분침이 한 바퀴 도는 시간은 60분이고, 이는 1시간과 같다.
또한 초침이 한 바퀴 도는 시간은 60초이고, 이는 1분과 같다.

1시간 = 60분
1분 = 60초

▶ 시각

시간의 합과 차 時刻 timing

같은 시간 단위끼리 더하거나 뺀 값

시간의 합

같은 시간 단위끼리 더한다. 초 단위끼리, 분 단위끼리, 시간 단위끼리 더한다. 초끼리의 합이 60이거나 60보다 크면 60초를 1분으로 받아올림한다. 또 분끼리의 합이 60이거나 60보다 크면 60분을 1시간으로 받아올림하면 된다.

〈운동을 한 시간〉

```
   1시간  35분  52초
 + 1시간  40분  27초
 ─────────────────
   2시간  75분  79초   ← ❶ 같은 단위끼리 더한다.
        +  1분 ← 60초  ← ❷ 60초를 1분으로 받아올림한다.
   2시간  76분  19초
 + 1시간 ← 60분         ← ❸ 60분을 1시간으로 받아올림한다.
   3시간  16분  19초
```

(시간)+(시간)=(시간)
(시각)+(시간)=(시각)

▶ 시각, 시간

시간의 차

같은 시간 단위끼리 뺀다. 초 단위끼리, 분 단위끼리, 시간 단위끼리 뺀다. 초나 분 단위끼리 뺄 수 없을 때에는 1분을 60초로, 1시간을 60분으로 받아내림하여 계산한다.

〈이어달리기를 하는 데 걸린 시간〉

$$\begin{array}{r} & & 10 & 60 \\ & 5시간 & \cancel{11}분 & 18초 \\ - & 2시간 & 55분 & 21초 \\ \hline & & & 57초 \end{array} \Rightarrow \begin{array}{r} & & & 60 \\ & & 4 & 10 & 60 \\ & 5시간 & \cancel{11}분 & 18초 \\ - & 2시간 & 55분 & 21초 \\ \hline & 2시간 & 15분 & 57초 \end{array}$$

❶ 초 단위끼리 뺄 수 없을 때에는 1분을 60초로 받아내림하여 계산한다.

❷ 분 단위끼리 뺄 수 없을 때에는 1시간을 60분으로 받아내림하여 계산한다.

(시각)−(시각)=(시간)
(시간)−(시간)=(시간)
(시각)−(시간)=(시각)

시침 時針 hour hand

시계에서 시를 나타내는 바늘

시계의 긴바늘과 짧은바늘이 있다. 짧은바늘은 1시, 2시, 3시…와 같이 시를 나타낸다. 그래서 짧은바늘을 '시침'이라고 한다.

시계의 종류

시계는 디지털 시계와 아날로그 시계가 있다. 아날로그 시계는 바늘이 있고, 디지털 시계는 바늘이 없다.
디지털 시계는 '숫자'와 ' : '로 이루어져 있는데 ' : ' 앞에 있는 수가 시, ' : ' 뒤에 있는 수가 분을 나타낸다.

디지털 시계

아날로그 시계

▶ 분침, 시각, 시간

식의 값

문자가 있는 식에 수를 대입하여 계산한 결과

문자가 있는 식에서 문자에 주어진 수를 대입하여 얻은 값, 즉 문자 대신 수를 넣어 얻은 값을 '식의 값'이라고 한다.

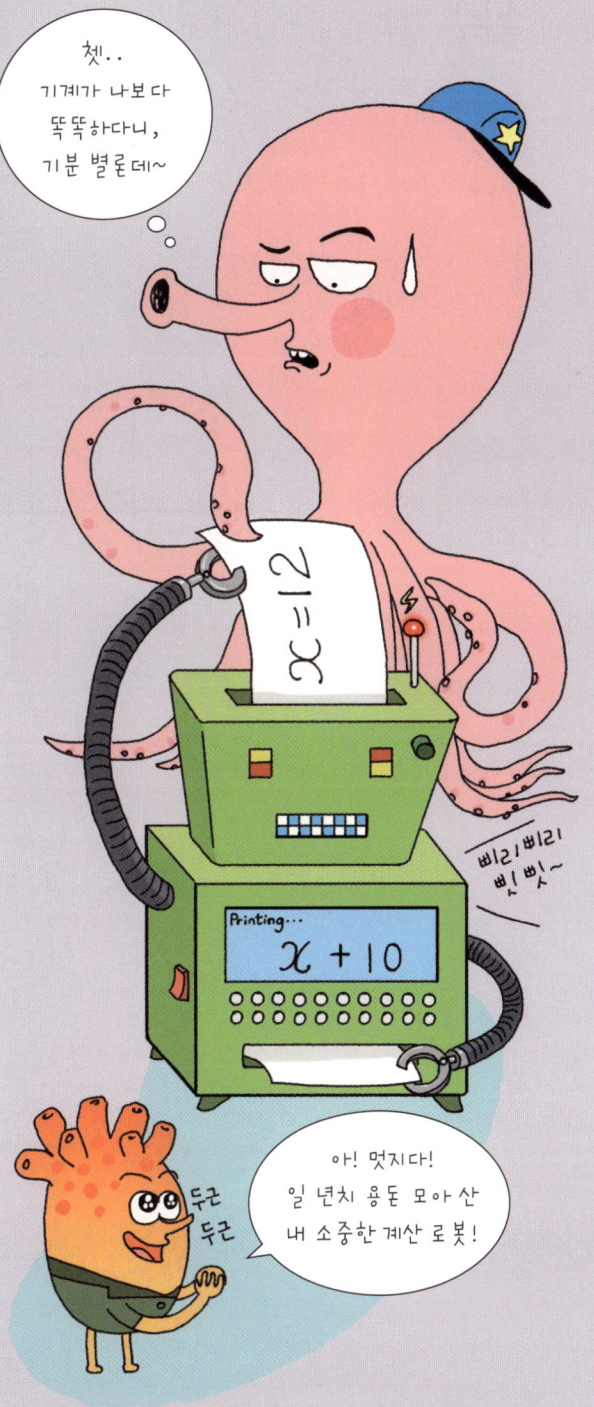

식의 값 구하기

① 생략된 기호 $\times$, $\div$를 쓴다.
② 문자에 수를 대입하여 계산한다.

$x+10$에서 x에 1, 2, 3, 4를 대입하여 식의 값을 구하면 11, 12, 13, 14이다.

$$x + 10$$

$x=\ $ \quad $x=\ $ \quad $x=\ $ \quad $x=\ $

$1+10=11$ \quad $2+10=12$ \quad $3+10=13$ \quad $4+10=14$

▶ 대입, 문자가 있는 식

실수 實數 real number
유리수와 무리수 전체

유리수와 무리수를 통틀어 '실수'라고 하며, 실수들 사이에는 무수히 많은 수가 있고 그 수들을 모두 수직선 위의 점에 대응시킬 수 있다.

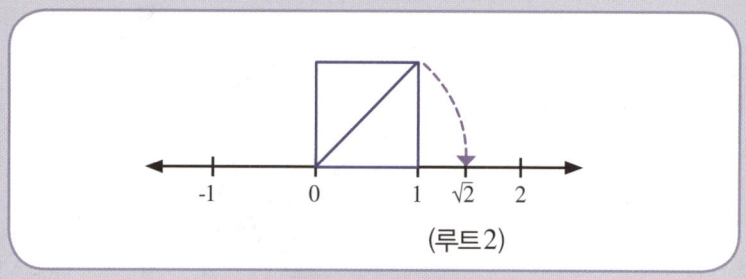

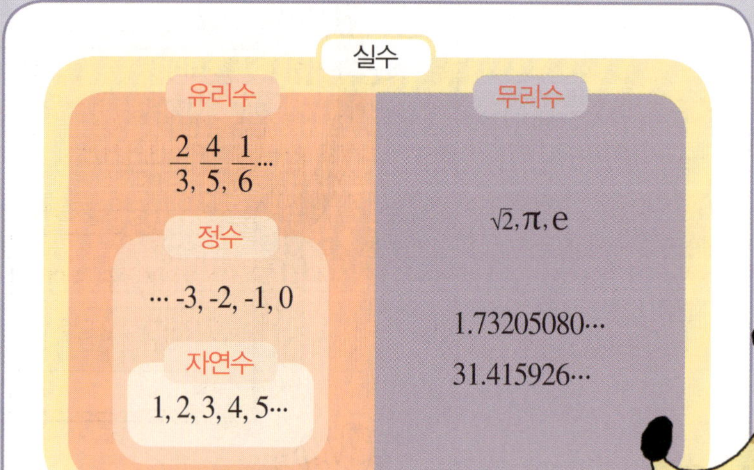

(루트 2)

오 호라! 실수의 정체를 드디어 알아냈다 멍!

▶ 무리수, 유리수

십진법 十進法 decimal system

0, 1, 2, 3, 4, 5, 6, 7, 8, 9의 10개의 숫자를 사용하여 수를 나타내는 방법

십진법은 일반적인 수 세기 방식으로 수의 자리가 하나씩 올라감에 따라 자릿값의 크기가 10배씩 커진다.

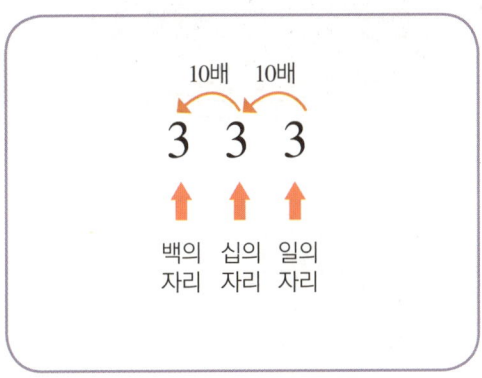

십진법의 수를 각 자리의 숫자에 자릿값을 곱해 모두 더한 식인 '십진법의 전개식'으로 나타낼 수 있다.

$$123 = 1 \times 100 + 2 \times 10 + 3 \times 1$$

백의 자리　십의 자리　일의 자리

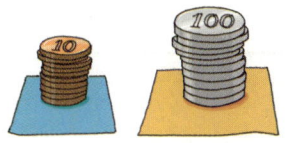

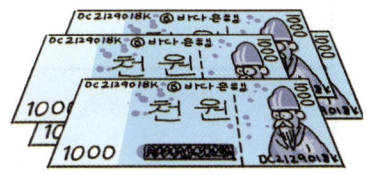

▶ 기수법, 이진법

약분 約分 reduction

분모와 분자를 그 공약수로 나누는 것

분모와 분자를 그들의 공약수로 나누어 좀 더 간단한 분수로 나타내는 방법을 '약분'이라 한다. 분모와 분자를 그들의 최대공약수로 나누면 이 분수는 기약분수가 된다. $\frac{4}{20}$를 분모와 분자의 공약수인 2로 약분하면 $\frac{2}{10}$, 최대공약수인 4로 약분하면 기약분수인 $\frac{1}{5}$이 된다.

▶ 공약수, 약수, 최대공약수

약수 約數 divisor

어떤 자연수를 나누어서 나누어떨어지게 하는 자연수

약수 중 가장 작은 수는 1이고, 가장 큰 수는 자기 자신이다.

12는 1, 2, 3, 4, 6, 12로 나누어떨어지므로 1, 2, 3, 4, 6, 12는 12의 약수이다.

약수와 배수의 관계

$$12 = 2 \times 6$$

· 12는 2와 6의 배수이다.
· 2와 6은 12의 약수이다.

▶ 공약수, 배수, 최대공약수

양수 陽數 positive number

0보다 큰 수

양수는 수직선에서 0을 기준으로 오른쪽에 있는 수를 말한다.

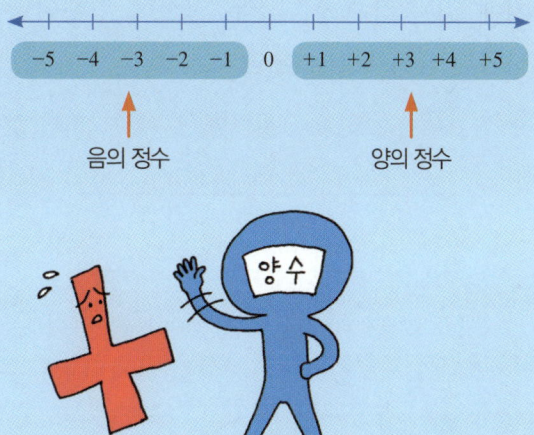

따라서 정수 중에서 양수는 양의 정수, 유리수 중에서 양수는 양의 유리수라고 한다. 양수는 '+'기호를 붙이거나 생략하기도 한다.

▶ 음수

엇각 alternative angles

서로 다른 두 직선이 다른 한 직선과 만날 때 반대쪽에 있는 각

동위각과 달리 서로 다른 위치, 엇갈린 위치에 있는 각이다. 각 ㄱ의 엇각은 반대쪽 위치에 있는 각 ㄴ이다. 두 직선이 평행이면 엇각의 크기는 서로 같다.

▶ 각, 동위각, 맞꼭지각

역수 逆數 inverse number

0이 아닌 어떤 수와 곱했을 때 1이 되게 하는 수

두 수를 곱해서 1이 될 때 한 수를 다른 수의 '역수'라고 한다. 0과 곱해서 1이 되게 하는 수는 없기 때문에 0의 역수는 없다.
자연수와 곱해서 1이 되게 하는 수는 $\frac{1}{(자연수)}$이므로 단위분수가 된다. 분수의 역수는 분자와 분모를 바꾼 분수가 된다.

$\frac{2}{5} \times \frac{5}{2} = 1$ 이므로

$\left(\frac{2}{5}\text{의 역수}\right) = \frac{5}{2}$

$\left(\frac{5}{2}\text{의 역수}\right) = \frac{2}{5}$

▶ 단위분수, 분수

연립방정식 聯立方程式 simultaneous equation
2개 이상의 미지수를 포함한 방정식의 묶음

각 방정식을 동시에 만족시키는 미지수의 값을 쌍으로 나타낸 것을 '연립방정식의 해'라 하고, 연립방정식의 해를 구하는 것을 '연립방정식을 푼다'라고 한다. 일차방정식은 문자가 하나인 방정식이다. 연립일차방정식은 문자가 2개인 일차방정식 2개를 한 쌍으로 묶어 놓은 것으로 미지수도 2개, 일차방정식도 2개이다. 이때 2개의 미지수는 보통 x와 y를 사용한다. 연립일차방정식의 해는 두 일차방정식을 동시에 만족시키는 공통인 해를 말하며, 해는 (x, y)로 나타내기도 한다. 연립일차방정식은 해의 개수가 1개, 0개 또는 무수히 많은 경우로 나뉘어진다.

▶ 방정식, 일차방정식

연비 連比 continued ratio

셋 이상의 비를 한꺼번에 나타낸 것

두 수를 비교할 때 비를 이용하는데 3개 이상의 수를 비교할 때는 연비를 이용한다. 즉 $a:b:c$ 또는 $a:b:c:d$ 와 같은 꼴이 '연비'이다. 예를 들어 아빠, 엄마, 형의 나이가 각각 42세, 40세, 12세일 때, $42:40:12$로 나타낼 수 있고, 가장 간단한 자연수의 비로 $21:20:6$으로도 나타낼 수 있다.

또 두 비가 주어졌을 때 연비로 나타낼 수도 있다. 두 비를 연비로 나타낼 때에는 공통인 항의 수를 같게 한 다음 연비로 나타내고, 이때 비의 성질을 이용한다.

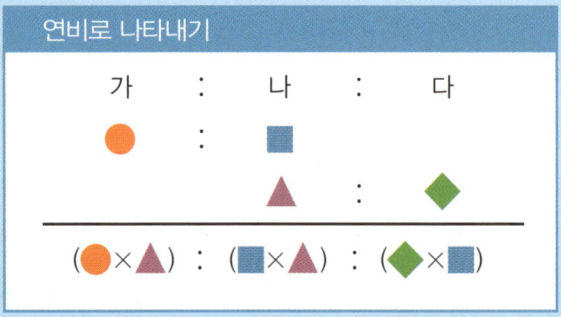

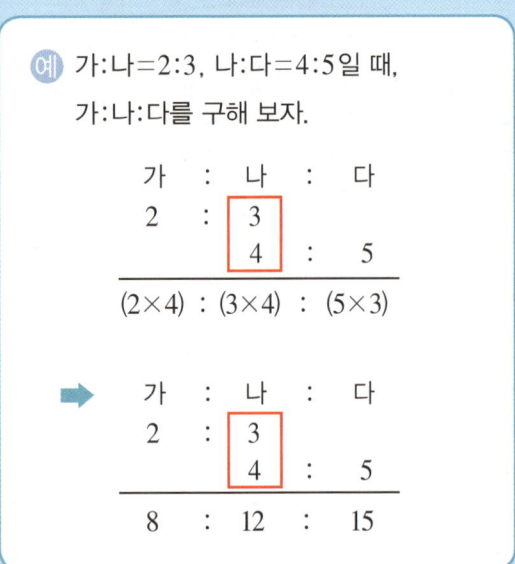

▶ 비, 비율

연속하는 수 consecative numbers
1씩 커지는 수들

1, 2, 3, 4, 5는 연속하는 수들이지만 1, 3, 5, 7은 연속하는 수들이 아니다.

2, 3, 4, 5, 6은 연속하는 수들이고 연속하는 수들이 홀수 개이면, 가운데 수는 전체 합을 수의 개수로 나눈 수와 같다.

$$(2+3+4+5+6) \div 5 = 4$$

6, 7, 8, 9는 연속하는 수들이고 연속하는 수들이 짝수 개이면, 가운데 두 수는 전체 합을 수의 개수로 나눈 수와 가까운 두 자연수이다.

$$(6+7+8+9) \div 4 = 7.5$$

7.5와 가까운 가운데 두 수는 7과 8이다.

▶ 짝수, 홀수

영 零 zero
아무것도 없는 것

0은 아무것도 없는 것을 뜻하기도 하고, 수에서 빈자리를 나타내기도 한다. 예를 들어 3047은 백의 자리의 숫자가 없음을 나타낸다. 또 다른 의미로 0은 기준점, 출발점을 뜻하기도 한다.

수직선에서 0은 양수와 음수를 나누는 기준이 된다.

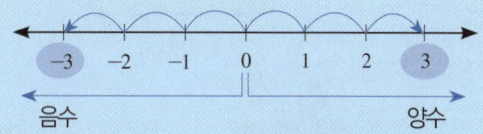

예를 들어 −3은 0에서 왼쪽으로 3만큼 떨어진 위치에 있는 수이고, +3은 0에서 오른쪽으로 3만큼 떨어진 위치에 있는 수이다.

▶ 정수

옆면 side, lateral face

각기둥, 원기둥의 밑면에 수직인 면이나 각뿔, 원뿔의 옆으로 둘러싸인 면

옆면은 입체도형의 밑면을 제외한 모든 면이다. 각기둥의 옆면은 모두 직사각형이고, 각뿔의 옆면은 모두 삼각형이다. 원기둥과 원뿔은 곡면으로 이루어져 있다.

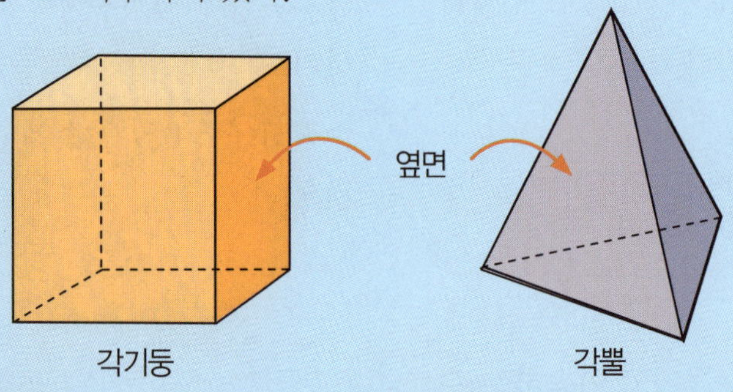

각기둥   옆면   각뿔

어때? 옆모습도 멋지지?

좋아~!

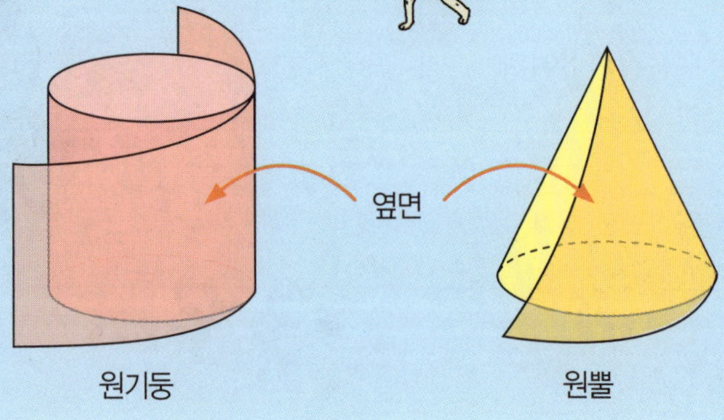

원기둥   옆면   원뿔

▶ 각기둥, 각뿔, 밑면, 원기둥, 원뿔

예각 銳角 acute angle
0°보다 크고, 직각(90°)보다 작은 각

예각은 10°, 20°, 50° 처럼 직각보다 작은 각이다.

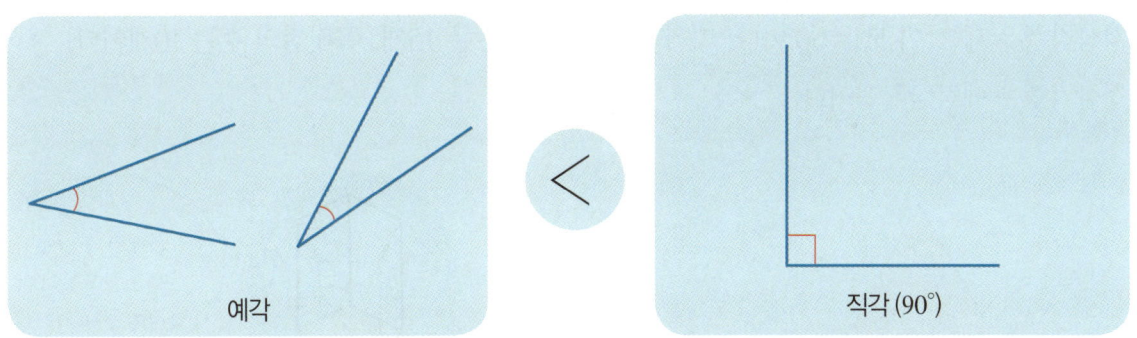

▶ 둔각, 예각삼각형, 직각

예각삼각형 銳角三角形 acute triangle

세 각이 모두 예각인 삼각형

예각삼각형은 세 각이 모두 예각인 삼각형이다. 따라서 한 각이라도 둔각이거나 직각이면 예각삼각형이 아니다.
정삼각형은 세 각이 모두 60°이다. 따라서 정삼각형은 예각삼각형이다.

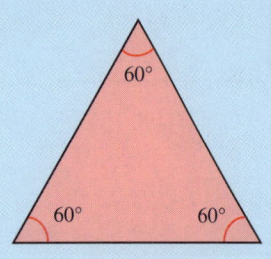

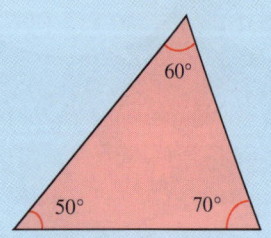

▶ 둔각삼각형, 삼각형, 예각

오각기둥 pentagonal prism

밑면이 오각형인 각기둥

오각기둥의 밑면은 오각형이고, 옆면은 사각형이다. 오각기둥의 면의 수는 옆면이 5개, 밑면이 2개이므로 모두 7개이고, 모서리의 수는 15개, 꼭짓점의 수는 10개이다.

▶ 각기둥, 사각기둥, 삼각기둥

오각형 五角形 pentagon

5개의 선분으로 둘러싸인 다각형

5개의 변으로 둘러싸인 오각형은 변, 각, 꼭짓점이 모두 5개씩 있다. 오각형은 삼각형 3개로 나눌 수 있다. 따라서 삼각형의 내각의 합이 180°이므로 오각형의 내각의 합은 540°이다.

(오각형의 내각의 합)
= (삼각형의 내각의 합)×3
= 180°×3
= 540°

펜타곤이라 불리는 미국국방부 건물을 위에서 본 모습

▶ 내각, 다각형

외각 外角 exterior angle, external angle

다각형에서 한 변과 그 이웃한 변의 연장선이 이루는 각

한 내각의 꼭짓점의 한 변과 다른 변의 연장선이 이루는 각을 '외각'이라고 한다. 다각형의 내각의 합은 도형마다 다르지만, 외각의 크기의 합은 모두 $360°$이다. 또한 모든 다각형의 내각과 외각의 합은 $180°$이다.

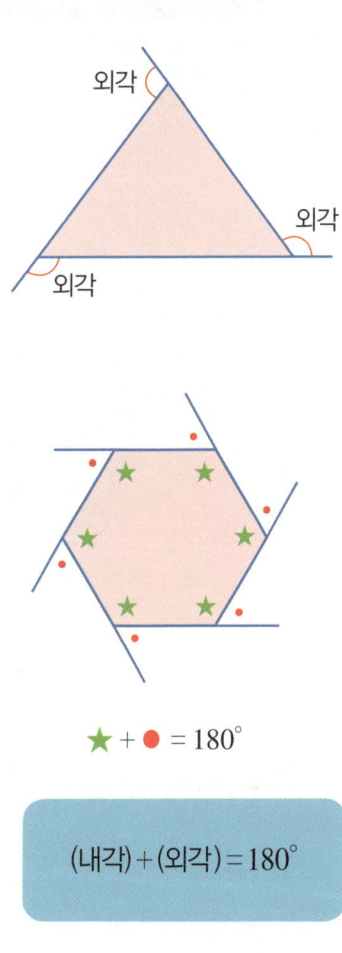

★ + ● = $180°$

(내각) + (외각) = $180°$

▶ 내각

원 圓 circle
평면 위의 한 점에서 같은 거리에 있는 점들로 이루어진 선

컴퍼스의 한쪽을 고정시키고 한 바퀴를 돌리면 동그란 모양이 그려지는데, 이 도형을 '원'이라고 한다.
원을 그릴 때 컴퍼스의 침이 꽂혔던 점 O는 '원의 중심', 원의 중심에서 원 위의 한 점을 이은 거리는 '원의 반지름'이라고 한다. 원의 중심을 지나면서 원 위의 두 점을 이은 선분은 '원의 지름'이고, 원의 둘레를 '원주'라고 한다.

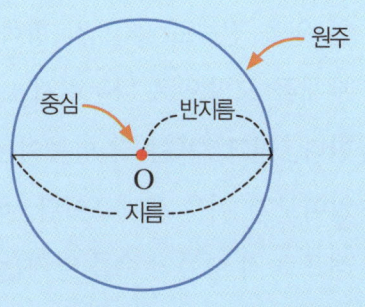

▶ 구, 원의 반지름, 원의 중심, 원의 지름, 원주

원그래프 circular graph

전체에 대한 각 부분의 비율을 원의 모양으로 나타낸 그래프

한 원을 전체로 놓고 각 항목이 차지하는 비율에 따라 원을 부채꼴 모양으로 나누어서 나타낸 그래프를 '원그래프'라고 한다. 원그래프는 각 항목이 전체에 대하여 차지하는 비율을 알아보기 쉬운 그래프이다. 하지만 띠그래프와 같은 비율그래프로 각 항목의 수를 알기는 어렵다.

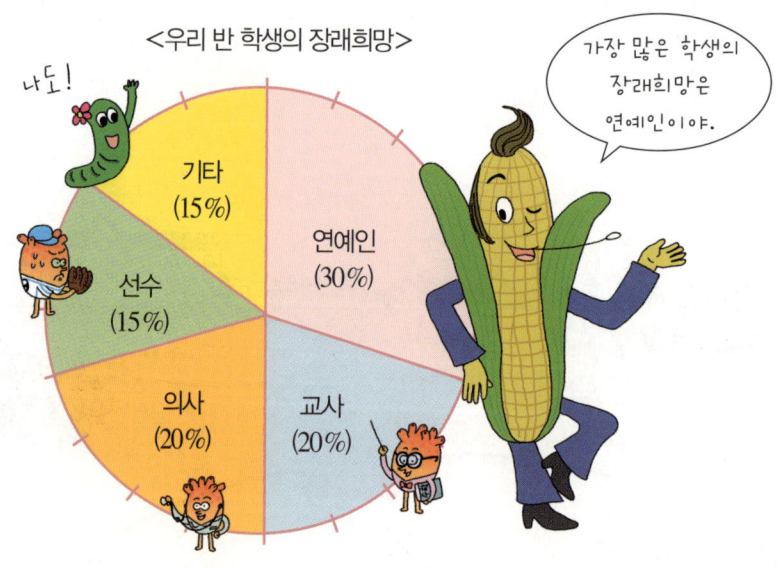

위의 원그래프에서 한 원을 20칸으로 나누면 한 칸은 5%를 나타낸다. 이것을 기준으로 원그래프를 그린다.

▶ 띠그래프, 비율그래프

원기둥 circular cylinder
위와 아래에 있는 면이 서로 평행이고, 합동인 원으로 되어 있는 입체도형

캔, 물병과 같이 둥근 기둥 모양에 윗면과 아랫면이 서로 평행하고 합동인 원으로 되어 있는 입체도형을 '원기둥'이라고 한다.

원기둥에서 위와 아래에 있는 면을 '밑면'이라 하고, 옆으로 둘러싸인 곡면을 '옆면'이라고 한다. 원기둥의 밑면은 원이고, 2개이다. 원기둥에서 두 밑면에 수직인 선분의 길이를 '높이'라고 한다.

▶ 각기둥, 원

원기둥의 겉넓이

원기둥 겉면의 넓이

원기둥을 펼쳐 놓은 그림을 '원기둥의 전개도'라고 한다. 원기둥의 전개도는 반드시 옆면이 직사각형이고, 밑면인 원이 위와 아래에 각각 1개씩 있는 모양이다.

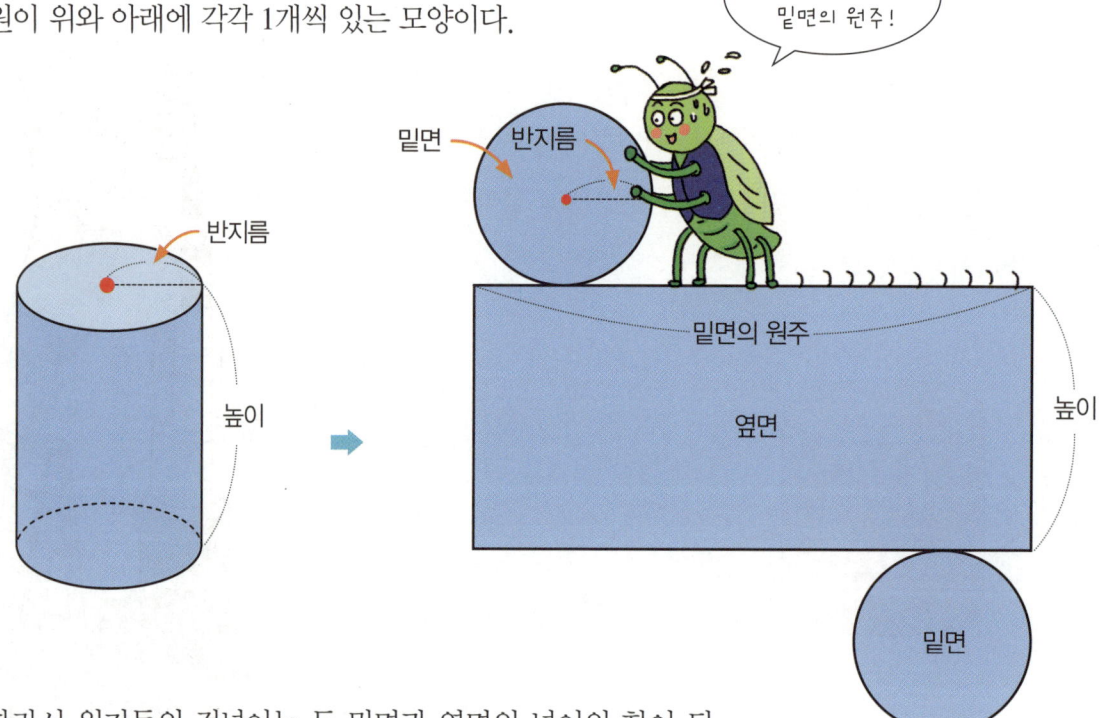

따라서 원기둥의 겉넓이는 두 밑면과 옆면의 넓이의 합이 된다. 이때 밑면의 넓이는 원의 넓이와 같고, 옆면의 넓이는 전개도의 직사각형의 넓이와 같다.

- (한 밑면의 넓이) = (원의 넓이) = (반지름)×(반지름)×3.14
- (옆면의 넓이) = (밑면의 원주)×(높이)
- (원기둥의 겉넓이) = (한 밑면의 넓이)×2+(옆면의 넓이)

▶ 원기둥

원기둥의 부피

원기둥이 공간에서 차지하는 크기

원기둥을 한없이 잘게 잘라 붙이면 직육면체 모양이 만들어진다.

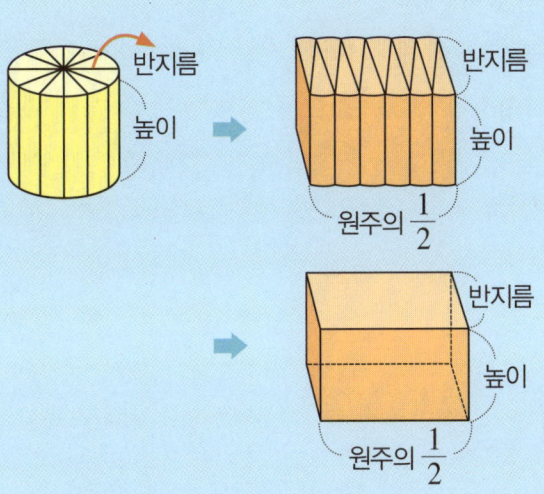

원기둥의 부피는 가로가 원주의 $\frac{1}{2}$, 세로가 밑면의 반지름, 높이는 원기둥의 높이와 같은 직육면체의 부피와 같아진다. 따라서 원기둥의 부피는 직육면체의 부피인 (가로)×(세로)×(높이)로 구할 수 있다. 즉 원기둥의 부피는 (한 밑면의 넓이)×(높이)가 된다.

(원의 부피)
= (원주의 $\frac{1}{2}$)×(반지름)×(높이)
= (반지름)×2×3.14×$\frac{1}{2}$×(반지름)×(높이)
= (반지름)×(반지름)×3.14×(높이)
= (한 밑면의 넓이)×(높이)

▶ 원기둥, 직육면체의 부피

원기둥의 전개도
원기둥을 평면으로 펼쳐 놓은 그림

원기둥의 전개도를 다시 접으면 원기둥이 만들어진다. 이때 원기둥의 전개도에서 옆면은 직사각형으로, 직사각형의 세로의 길이는 원기둥의 높이와 같고, 가로의 길이는 밑면의 둘레의 길이와 같다. 또한 원기둥의 전개도의 밑면은 원이고, 두 원은 합동이다.

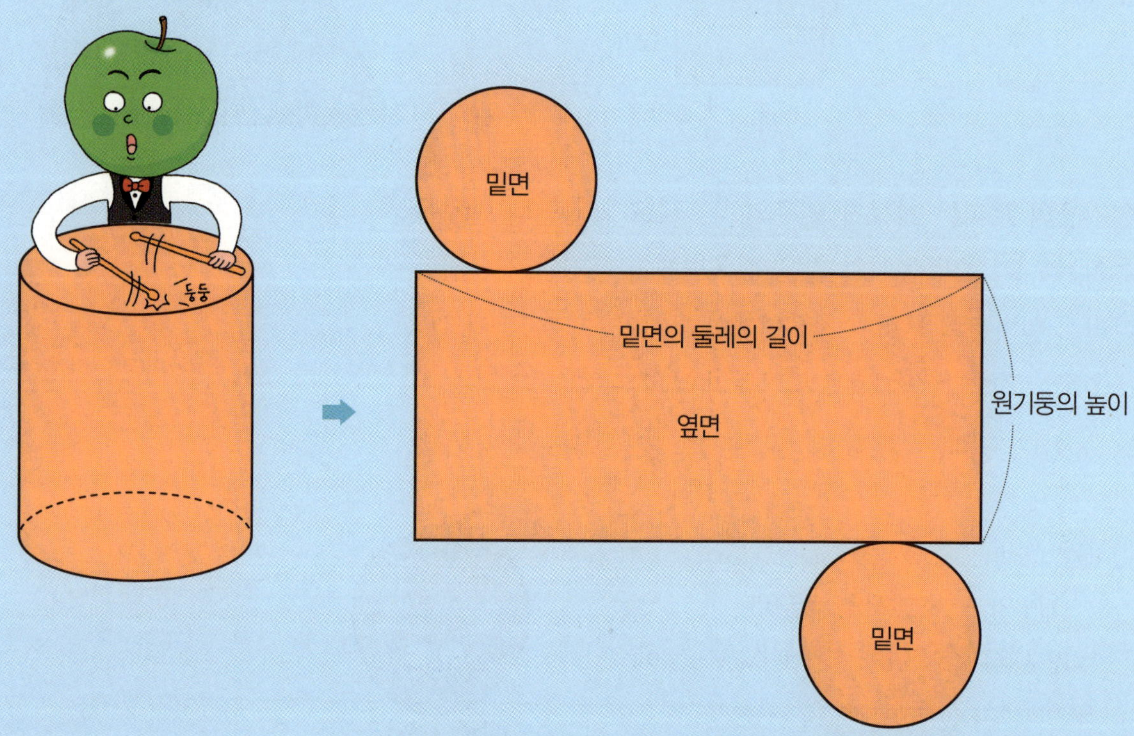

▶ 원, 원기둥, 원기둥의 겉넓이, 합동

원뿔 circular cone

밑면이 원이고, 옆면이 곡면인 뿔 모양의 입체도형

원뿔은 직각삼각형을 빗변이 아닌 변을 축으로 하여 1회전시킨 회전체이다.

이때 원뿔의 뾰족한 점을 '원뿔의 꼭짓점', 원뿔의 꼭짓점과 밑면인 원 둘레의 한 점을 이은 선분을 '모선'이라고 한다. 원뿔의 밑면은 1개이고, 옆면은 곡면이다.

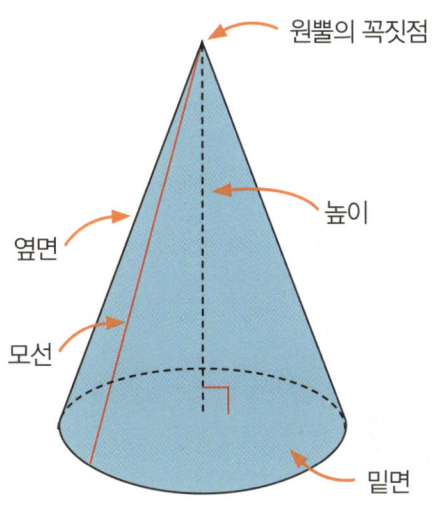

원기둥과 원뿔의 비교

	원기둥	원뿔
밑면의 모양	원	원
밑면의 수	2개	1개
꼭짓점 수	없다	1개

▶ 각뿔, 원기둥

원뿔대 circular truncated cone

원뿔을 밑면에 평행인 평면으로 잘랐을 때, 잘린 부분과 밑면 사이의 부분으로 이루어진 입체도형

원뿔을 밑면에 평행하게 자른 뒤 윗부분을 뺀 나머지 부분이 '원뿔대'이다. 원뿔대는 밑면이 2개이다. 또 원뿔대의 두 밑면은 크기가 다른 원으로 합동이 아니고 서로 평행하다.

▶ 각뿔대, 원뿔

원뿔의 전개도

원뿔을 평면으로 펼쳐 놓은 그림

원뿔의 전개도를 다시 접으면 원뿔이 만들어진다. 원뿔의 전개도에서 옆면은 부채꼴 모양이고, 옆면의 둥근 선은 원뿔의 밑면의 둘레의 길이와 같다. 또한 전개도에서 밑면은 1개이고, 그 모양은 원이다. 이때 옆면인 부채꼴의 반지름은 모선의 길이와 같다.

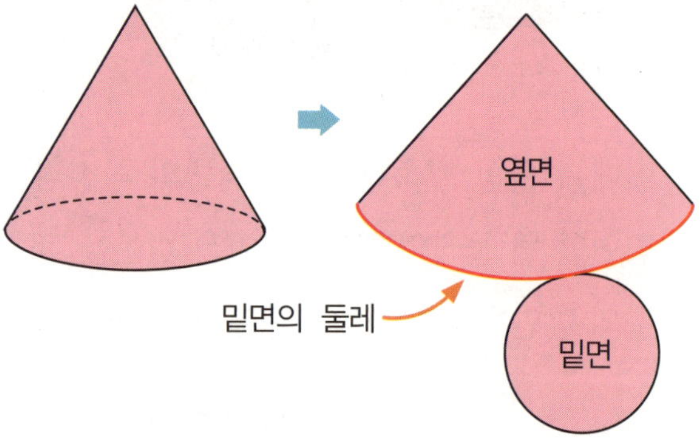

▶ 원뿔, 전개도

원의 넓이
원이 차지하는 크기

원을 한없이 잘게 잘라서 이어 붙이면 원의 가로는 원주의 $\frac{1}{2}$, 세로는 원의 반지름과 같은 직사각형 모양에 가까워진다. 따라서 원의 넓이는 직사각형의 넓이를 이용하여 아래와 같이 구할 수 있다. 즉 원의 넓이는 (반지름)×(반지름)×3.14가 된다.

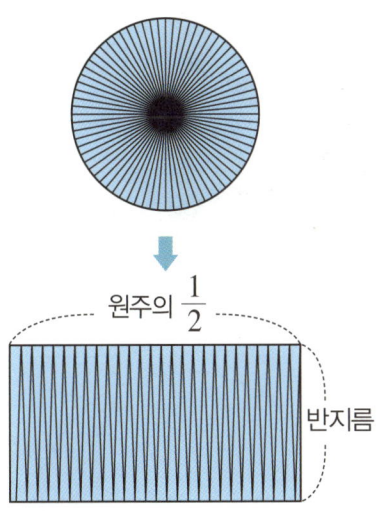

(원의 넓이)
= (원주의 $\frac{1}{2}$)×(반지름)
= (지름)×(원주율)×$\frac{1}{2}$×(반지름)
= (반지름)×(반지름)×(원주율)
= (반지름)×(반지름)×3.14

▶ 원, 원의 반지름, 원의 지름, 원주율

원의 반지름 radius
원의 중심과 원 위의 한 점과의 거리

팔을 돌려보면 원이 그려지는데, 이때 팔의 길이가 바로 '원의 반지름'이 된다. 한 원에서 원의 반지름은 셀 수 없이 많이 그릴 수 있고, 한 원에서 반지름의 길이는 모두 같다. 원의 반지름의 2배는 원의 지름이다.

(원의 반지름)×2
=(원의 지름)

▶ 원, 원의 지름

원의 중심 center of circle

원을 그릴 때 기준이 된 점

컴퍼스를 벌려 원을 그릴 때 컴퍼스의 한쪽을 움직이지 않고 원을 그린다. 이때 컴퍼스의 고정된 한 점이 바로 '원의 중심'이다. 원의 중심은 원 둘레의 모든 점으로부터 항상 같은 거리에 있다.

원의 지름 diameter

원의 중심을 지나는 원 위의 두 점을 이은 선분

원의 지름은 원의 중심을 지나도록 원 위의 두 점을 이어서 그리면 된다. 한 원에서 원의 지름은 반지름처럼 무수히 많이 그릴 수 있고, 한 원에서 지름의 길이는 모두 같다. 원의 지름의 절반은 원의 반지름이 된다.

(지름의 길이) = (반지름의 길이) × 2

▶ 원, 원의 반지름, 원의 지름

▶ 원, 원의 반지름

원점 原點 origin

수직선 또는 좌표평면에서 0이 나타내는 점

수직선이나 좌표평면에서 기준이 되는 점을 '원점'이라고 한다. 위치를 나타낼 때 주로 원점을 기준으로 나타낸다. 수직선에서는 0을 기준으로 오른쪽에는 양수, 왼쪽에는 음수가 있다.

좌표평면에서는 x축과 y축이 만나는 점을 원점이라고 하는데, 원점의 좌표는 (0, 0)이 된다. 원점은 영문자 the origin의 첫 글자인 O로 나타낸다.

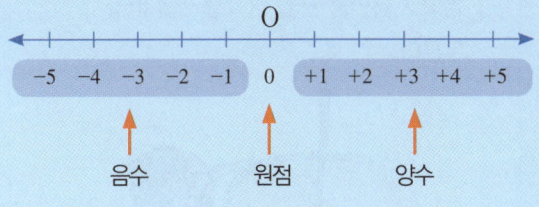

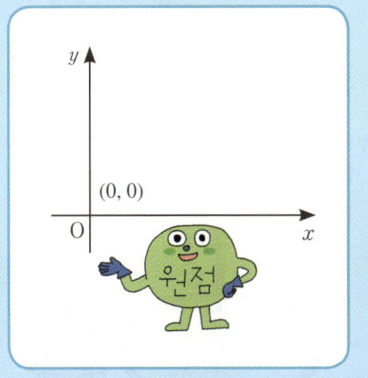

▶ 수직선, 좌표평면

원주 圓周 circumference

원의 둘레

원의 지름(반지름)이 작아지면 원주도 작아지고, 원의 지름(반지름)이 커지면 원주도 커진다.

원주의 길이를 잴 때에는 원의 둘레를 실로 두르고, 그 실의 길이를 재면 원주의 길이를 잴 수 있다. 모든 원주는 원의 지름의 약 3.14배가 된다.

▶ 원, 원주율

원주율 _{圓周率} ratio of circumference

원주와 지름의 비

원주를 지름으로 나눈 값을 '원주율'이라고 한다. 아래 원들의 원주를 지름으로 나누어 보면, 큰 원이든 작은 원이든 그 값이 3.14… 임을 알 수 있다. 따라서 모든 원의 원주율은 약 3.14이다. 원주율은 기호로 π라 쓰고, '파이'라고 읽는다.

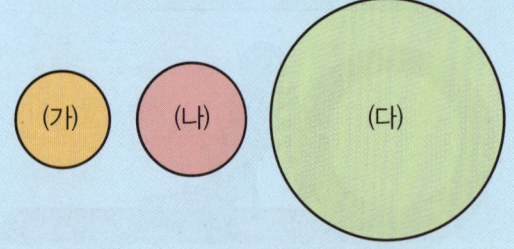

	원 (가)	원 (나)	원 (다)
원주 (cm)	18.85	22	47
지름 (cm)	6	7	15
(원주) ÷ (지름)	3.14…	3.14…	3.14…

▶ 원주

고대 이집트인의 원주율 계산하기

① 끈의 한 쪽을 막대로 고정하고, 원을 그린다.

② 원의 지름만큼의 끈을 자른다.

③ 원의 지름만큼 끈을 원의 둘레를 따라 두른다.

④ 원의 지름의 끈의 3개를 두르고, 지름의 $\frac{1}{7}$이 남는다.

월 月 month

달을 세는 단위

1년은 1월부터 12월까지 모두 12개월이다. 한 달이 30일인 월도 있고, 31일인 월도 있다. 31일인 월은 1월, 3월, 5월, 7월, 8월, 10월, 12월이고, 30일인 월은 4월, 6월, 9월, 11월이다. 이때 2월의 날수는 28일 또는 29일이고, 2월이 29일인 해는 4년마다 돌아온다. 이러한 해를 윤년이라고 한다. 우리나라는 월로 계절을 나누기도 하는데 3월부터 5월까지를 봄, 6월부터 8월까지를 여름, 9월부터 11월까지를 가을, 12월부터 2월까지를 겨울이라고 한다.

▶ 년, 주

유리수 有理數 rational number
분수로 나타낼 수 있는 수

유리수는 $\dfrac{(정수)}{(0이\ 아닌\ 정수)}$의 꼴로 나타낼 수 있는 수를 말한다. 자연수 2는 $\dfrac{2}{1}$와 같이 분수로 나타낼 수 있으므로 자연수 역시 유리수가 된다. 0 역시 $\dfrac{0}{1}$으로 나타낼 수 있으므로 유리수이다. 그렇다면 소수는 어떨까? 소수 중에서 0.12와 같은 유한소수는 $\dfrac{12}{100}$와 같이 분수로 나타낼 수 있고, 0.333…과 같이 순환소수 역시 $0.333\cdots=\dfrac{1}{3}$과 같이 분수로 나타낼 수 있으므로 유리수이다. 다만 원주율인 $\pi=3.1415926\cdots$과 같이 순환하지 않는 무한소수는 분수로 나타낼 수 없으므로 유리수가 아닌 무리수이다.

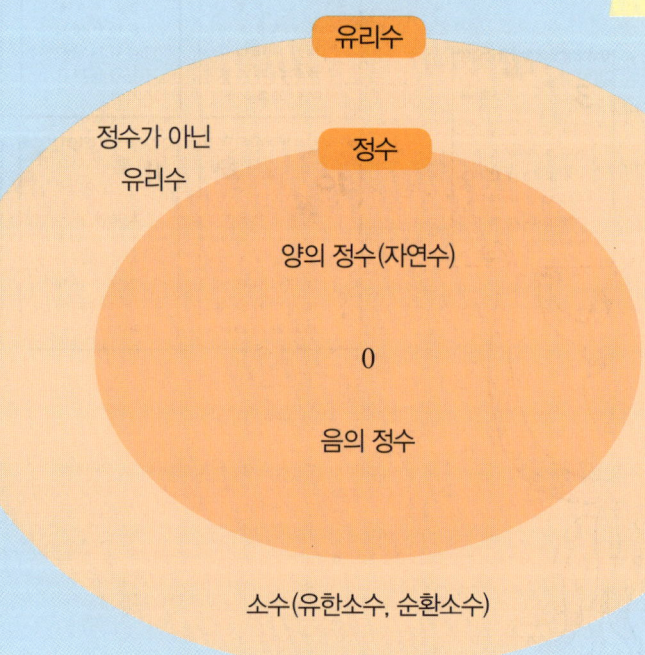

▶ 무한소수, 순환소수, 실수, 유한소수

유한소수 有限小數 finite decimal
소수점 아래에 0이 아닌 숫자가 유한 개인 소수

다음과 같은 소수는 모두 유한소수이다.

$$1.25$$
$$5.004$$
$$\vdots$$

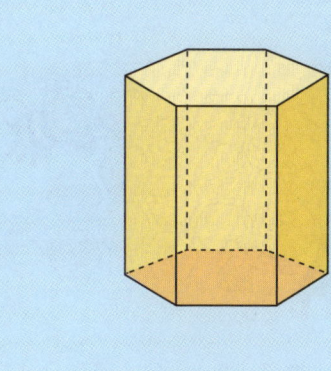

> 아무리 소수점 아래에 0이 아닌 숫자가 많이 있어도 끝이 있으면 유한소수야!

0.123456789

분수를 소수로 나타낼 때 유한소수 찾는 방법
유한소수가 되려면 분모가 10의 거듭제곱이 되어야 하므로 분수를 기약분수로 나타내었을 때 분모의 소인수가 2나 5뿐인 분수는 유한소수로 나타낼 수 있다.

▶ 무한소수, 순환소수, 실수, 유리수

육각기둥 hexagonal prism
밑면이 육각형인 각기둥

육각기둥의 밑면은 육각형이고, 옆면은 사각형이다. 육각기둥의 면의 수는 옆면이 6개, 밑면이 2개이므로 모두 8개이고, 모서리의 수는 18개, 꼭짓점의 수는 12개이다.

▶ 각기둥, 육각형

육각형 六角形 hexagon
6개의 선분으로 둘러싸인 다각형

6개의 변으로 둘러싸인 육각형은 변, 각, 꼭짓점이 각각 6개이다. 육각형은 사각형 2개로 나눌 수 있다. 이때 사각형의 내각의 합이 360°이므로 육각형의 내각의 합은 720°이다.

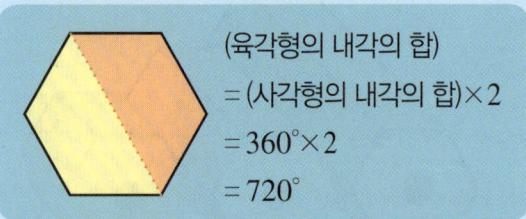

(육각형의 내각의 합)
= (사각형의 내각의 합)×2
= 360°×2
= 720°

▶ 내각, 다각형, 사각형, 육각기둥

음수 陰數 negative number
0보다 작은 수

음수는 수직선에서 보면 0을 기준으로 왼쪽에 있는 수이다.

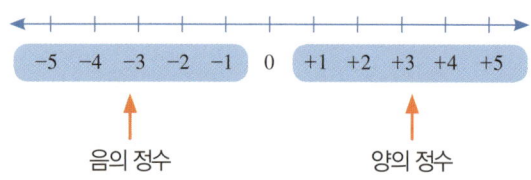

정수 중에서 음수는 '음의 정수', 유리수 중에서 음수는 '음의 유리수'라 부를 수 있다. 음수는 '−' 기호를 붙여 나타낸다.

▶ 실수, 유리수, 양수, 정수

이등변삼각형 二等邊三角形 isosceles triangle
두 변의 길이가 같은 삼각형

색종이를 반으로 접어서 선을 그은 뒤 가위로 오리면 이등변삼각형이 된다. 이등변삼각형은 두 변의 길이가 같을 뿐 아니라 두 밑각의 크기도 서로 같다.

▶ 삼각형, 정삼각형

이상 以上 greater of equal
어떤 수와 같거나 큰 수

초과와 달리 이상은 기준이 되는 수가 포함된다. 기호로는 ≥, ≤의 부등호로 나타낸다. 예를 들어 미지수 x가 6 이상이라면 $x \geq 6$이라고 쓴다.

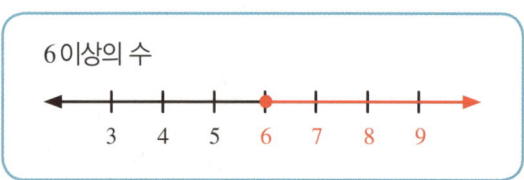

6 이상의 수

▶ 미만, 이하, 초과

이진법 二進法 binary numeral system
0과 1이라는 두 개의 숫자를 사용하여 수를 나타내는 방법

수의 자리가 하나씩 올라감에 따라 자릿값의 크기가 2배씩 커진다. 십진법의 수와 구별하기 위해서 $101_{(2)}$와 같이 나타낸다.

다음과 같이 이진법의 수를 각 자리의 숫자에 자릿값을 곱해 모두 더한 식인 '이진법의 전개식'으로 나타낼 수 있다.

$$101_{(2)} = 1 \times 2^2 + 0 \times 2 + 1 \times 1$$

이것을 계산하여 $101_{(2)} = 5$와 같이 이진법의 수를 십진법의 수로 바꾸어서 나타낼 수 있다.

▶ 기수법, 십진법

이하 以下 less of equal
어떤 수와 같거나 작은 수

미만과 달리 이하는 기준이 되는 수가 포함된다. 5 미만의 자연수는 1, 2, 3, 4이지만 5 이하의 자연수는 5와 같거나 5보다 작은 수이므로 5가 포함되는 1, 2, 3, 4, 5이다.
기호로는 '$x \leq 5$인 자연수' 라고 쓴다.

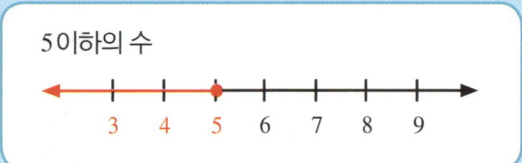

5 이하의 수

▶ 미만, 이상, 초과

이항 移項 transposition

등식의 성질을 이용하여 등식의 한 변에 있는 항을 그 부호를 바꾸어 다른 변으로 옮기는 것

방정식의 해를 구하기 위해 문자가 있는 항은 등호의 왼쪽, 즉 좌변으로 상수항은 등호의 오른쪽, 즉 우변으로 옮겨야 한다. 이렇게 항을 다른 변으로 옮기는 것을 '이항'이라고 하는데, 이항을 할 때에는 각 항의 부호가 바뀌는 것에 주의해야 한다.

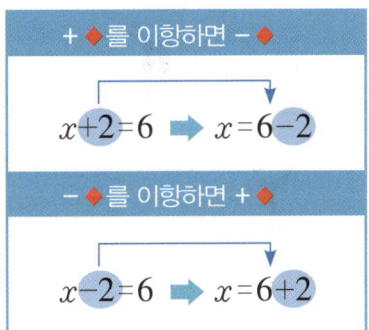

▶ 등식의 성질, 방정식, 일차방정식

일(하루) 日 day

밤 12시부터 그 다음날 밤 12시까지의 시간

1일은 오전과 오후를 합한 24시간이고, '하루'라고도 한다. 1일, 즉 하루는 24시간이므로 2일은 24(시간)+24(시간)=48(시간)이 된다.

▶ 년, 시간, 월

일대일대응 一對一對應 one-to-one correspondence
한 집합의 한 원소에 다른 집합의 원소가 오직 하나만 대응되는 관계

일대일대응이란 말 그대로 하나와 하나를 짝짓는 것을 말한다. 아래 그림과 같이 집합 A의 원소와 집합 B의 원소가 하나씩 짝지어질 때 '일대일대응'이라고 말한다.
두 집합의 어느 한 원소라도 짝지어지지 않으면 일대일대응이라고 할 수 없다. 즉 두 집합의 어느 원소든 모자라거나 남지 않아야 한다. 따라서 일대일대응인 두 집합은 크기가 같다.

집합 A의 한 원소가 B집합의 한 원소와 대응할 때, '일대일대응'이라고 해.

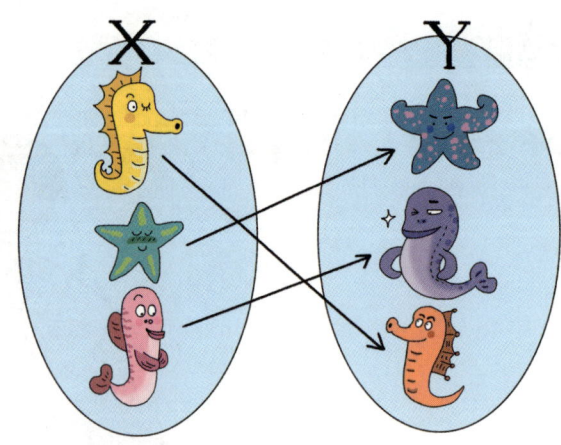

▶ 집합

일차방정식 —次方程式 linear equation

방정식의 우변에 있는 모든 항을 좌변으로 이항하여 정리한 식이
(일차식)=0의 꼴이 되는 방정식

미지수의 값에 따라 참이 되기도 하고 거짓이 되기도 하는 등식, 즉 방정식 중에서 (일차식)=0의 꼴을 가진 식을 '일차방정식'이라고 한다. 이때 일차식은 곱해진 문자의 개수가 하나인 식을 말한다. 즉 ★x +●의 꼴을 가진 식이 x에 대한 일차식이다.

일차방정식의 등식이 성립하게 하는 미지수의 값을 '일차방정식의 해'라고 하며, 해를 구하는 것을 '방정식을 푼다'라고 한다.

$$3x - 8 = x - 5$$
$$3x - x - 8 + 5 = 0$$
$$2x - 3 = 0$$
➡ 일차방정식이다.

$$2x + 3 = 1 + 2x$$
$$2x - 2x + 3 - 1 = 0$$
$$2 = 0$$
➡ 일차방정식이 아니다.

$$x^2 - x - 2 = x + 1$$
$$x^2 - x - 2 - x - 1 = 0$$
$$x^2 - 2x - 3 = 0$$
➡ 좌변이 x에 대한 이차식이므로 일차방정식이 아니다.

(방정식을 푼다) = (방정식의 해를 구한다)

▶ 방정식, 연립방정식, 이항

일차부등식 一次不等式 linear inequality

부등호(>, <, ≤, ≥)를 사용하여 수 또는 식의 대소 관계를 나타낸 식

부등식의 성질을 이용하여 (일차식)>0, (일차식)<0, (일차식)≥ 0, (일차식)≤ 0 중 하나의 꼴로 나타낼 수 있는 식을 '부등식'이라고 한다. 부등식 중에서 모든 항을 좌변으로 이항하였을 때, 좌변의 식이 일차식인 부등식을 '일차부등식'이라고 한다. 이때 일차식은 곱해진 문자의 개수가 하나인 식, 즉 ★x +●의 꼴을 가진 식을 말한다. 일차부등식을 참이 되게 하는 미지수의 값을 그 '부등식의 해'라 하고, 부등식의 해를 모두 구하는 것을 '부등식을 푼다'라고 한다. 부등식을 풀 때에는 방정식과 마찬가지로 이항과 부등식의 성질을 이용한다.

$\begin{aligned} x+2 &< 3 \\ x-1 &< 0 \end{aligned}$ ➡ 일차부등식이다.

$\begin{aligned} x^2-6 &> x-1 \\ x^2-x-5 &> 0 \end{aligned}$ ➡ 좌변이 일차식이 아니므로 일차부등식이 아니다.

▶ 부등식, 부등호

일차함수 一次函數 linear function

y가 x에 대한 일차식, 즉 $y=ax+b$의 꼴로 나타내어지는 함수

두 변수 x와 y 사이에 x의 값이 하나 정해지면 y의 값도 하나 정해질 때, y를 x의 함수라고 한다. 이때 $y =$ (일차식)의 꼴로 나타내어지는 함수를 '일차함수'라고 한다.

$y = ax + b$에서 일차함수는 $y =$ (일차식)의 꼴이므로 상수 a는 0이 아님에 주의한다.

참고로 $y =$ (★차식)의 꼴로 나타내어지는 함수는 ★차함수라고 말한다.

$$y = 2x$$
$$y = -x$$
$$y = 3x + 1$$
$$y = \frac{1}{2}x$$

➡ 일차함수이다.

$$y = \frac{1}{x}$$
$$y = x^2$$
$$y = -x^3$$
$$y = 3$$

➡ 일차함수가 아니다.

나사 하나씩 옮길 때마다 1 cm씩 내려가네.

▶ 일차함수의 그래프, 함수

일차함수의 그래프

함수 $y=ax+b$에서 x와 y 사이의 관계를 좌표평면 위에 나타낸 것

어떤 함수의 함숫값을 좌표평면에 나타내어 그래프를 그릴 수 있는데, 함수에 따라 그래프의 모양이 달라진다.
함수 $y=ax(a\neq 0)$의 그래프는 원점을 지나는 직선 모양이고, 함수 $y=ax+b(a\neq 0, b\neq 0)$의 그래프는 원점을 지나지 않는 직선 모양이다. 함수 $y=ax+b(a\neq 0)$의 그래프에서 a는 그래프의 기울기를 나타내며, a의 절댓값이 클수록 y축에 가까운 직선이 된다.

일차함수 $y = ax + b$의 그래프

- $a > 0$이면 오른쪽 위로 향하는 직선이다.
- $a < 0$이면 오른쪽 아래로 향하는 직선이다.

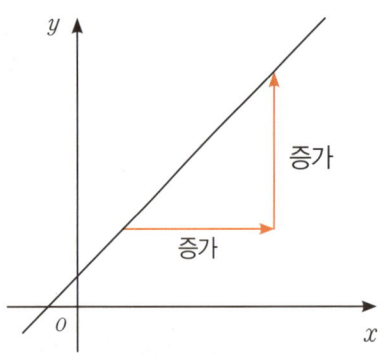

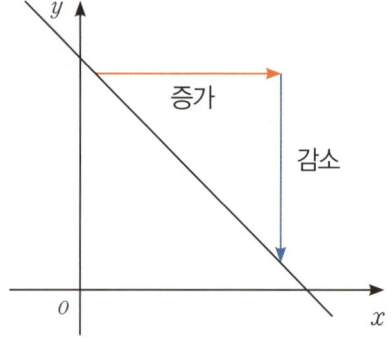

① 제1사분면과 제2사분면, 제3사분면을 지난다.
② 오른쪽 위로 향하는 직선이다.

① 제1사분면과 제2사분면, 제4사분면을 지난다.
② 오른쪽 아래로 향하는 직선이다.

▶ 기울기, 절편

입체도형 立體圖形 solid figure

공간에서 일정한 크기를 차지하는 도형

입체도형은 일정한 크기를 차지하는 도형으로 길이와 폭 그리고 부피가 있다. 입체도형은 점, 선, 면으로 이루어진 평면도형이 모여서 생긴 도형이다.

면을 모아서 입체도형을 만들 수 있어.

키킥, 빵점맞은 시험지 여기다 숨겨야지!

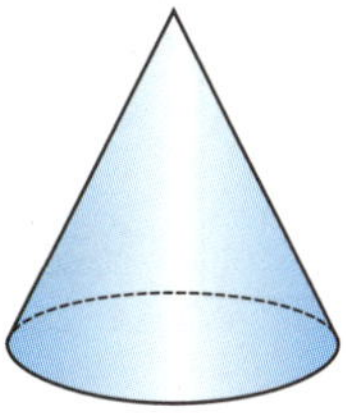

원뿔 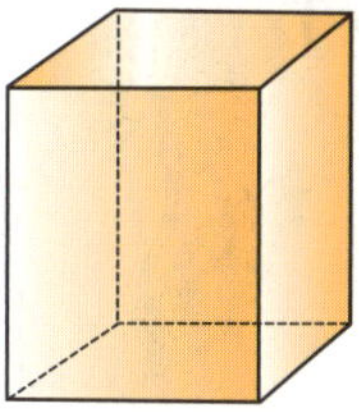   사각기둥 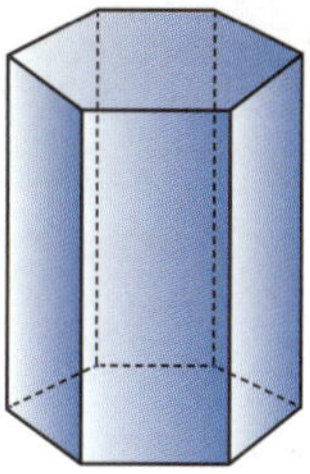   육각기둥 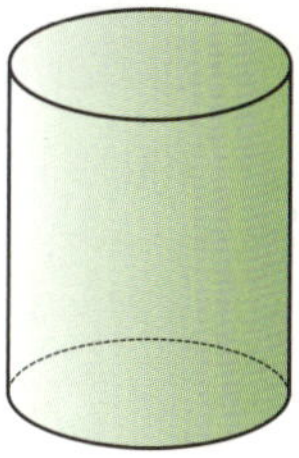   원기둥

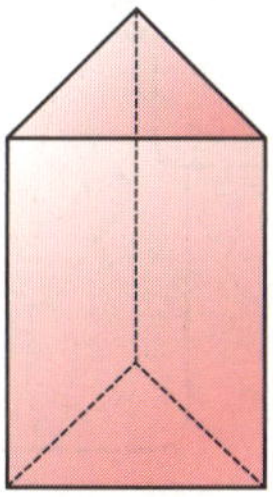

삼각기둥 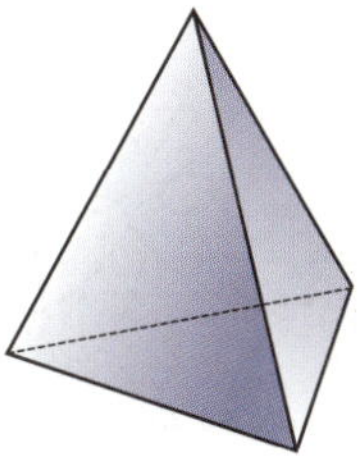   삼각뿔 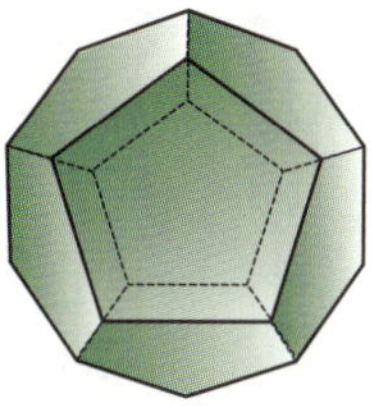   십이면체 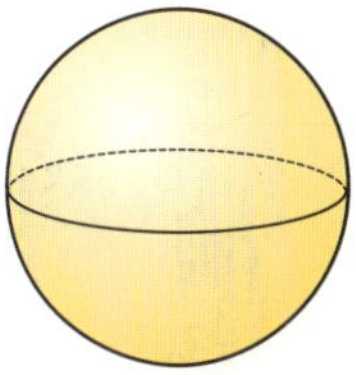   구

▶ 각기둥, 원기둥, 평면도형

자릿값 place value
숫자가 위치한 자리에 따라 정해지는 값

우리가 현재 사용하는 기수법은 숫자가 놓인 위치에 따라 값이 달라지는 위치적 기수법이다. 이때 숫자가 놓인 위치가 나타내는 값을 '자릿값'이라고 한다. 자릿값은 오른쪽에서 왼쪽으로 갈수록 커지는데, 십진법에서는 10배씩 커지고, 이진법에서는 2배씩 커진다.

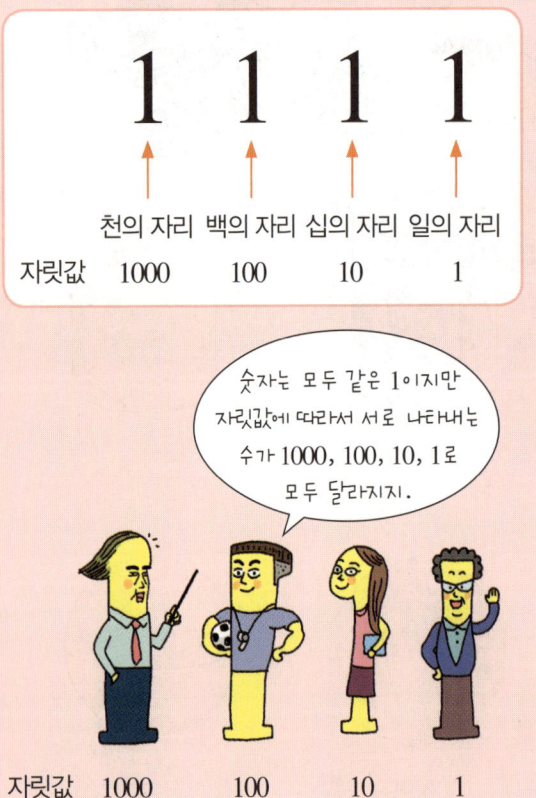

▶ 기수법, 십진법

자연수 自然數 natural number
1부터 시작하여 1씩 커지는 수

자연수는 1, 2, 3, 4, 5…와 같이 수의 발생과 함께 사용된 가장 일반적인 수이다. 자연수는 물건을 셀 때나 순서를 나타낼 때 사용한다. 가장 작은 자연수는 1이지만, 가장 큰 자연수는 구할 수 없다. 왜냐하면 가장 큰 자연수를 ★이라고 했을 때 ★보다 1이 더 큰 ★+1이 있기 때문이다.
자연수는 양의 정수라고도 부르며, 자연수에는 0이 포함되지 않는다.

▶ 실수, 유리수, 정수

전개도 展開圖 development figure
입체도형을 평면에 펼쳐 놓은 모양을 나타낸 그림

전개도에서 접는 부분은 점선(…), 나머지 부분은 실선(―)으로 나타낸다. 각기둥의 전개도는 옆면은 모두 직사각형이고, 마주 보는 모든 면이 합동이 된다.
각뿔의 전개도는 옆면은 모두 삼각형이고, 밑면은 1개이다.
원기둥의 전개도는 옆면은 직사각형이고, 밑면은 원이다.
원뿔의 전개도의 옆면은 부채꼴이고, 밑면은 원이다.
같은 입체도형이어도 펼치는 방법에 따라 전개도 모양이 달라질 수 있다.

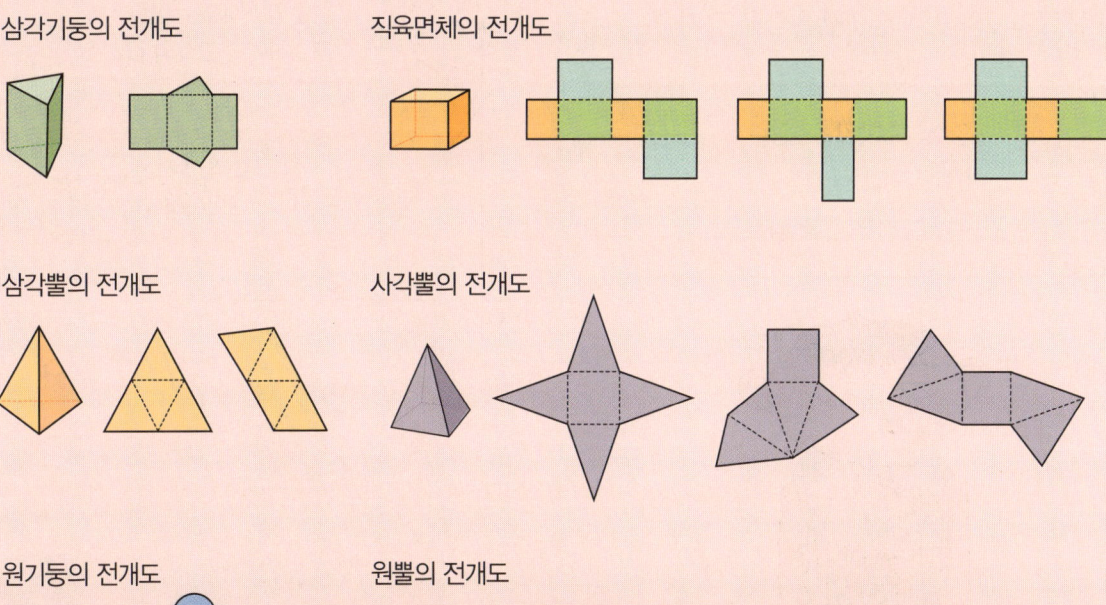

▶ 각기둥, 각뿔, 겨냥도, 원기둥, 원뿔

절댓값 absolute value

수직선 위의 원점에서 어떤 점까지의 거리

0에서부터 떨어져 있는 거리를 '절댓값'이라고 한다. 절댓값을 나타내는 기호는 '| |'이다.

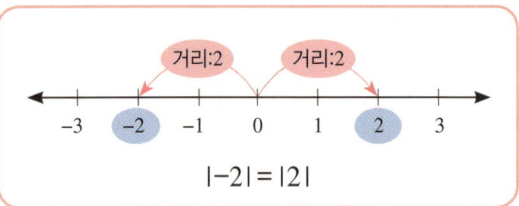

0에서 -2까지, 0에서 2까지의 거리는 모두 2이므로 -2와 2의 절댓값은 2로 같다.

> 양수의 절댓값 ☞ 양수
> 0의 절댓값 ☞ 0
> 음수의 절댓값 ☞ 양수

▶ 양수, 음수, 0

절편 切片 intercept

함수 $y=ax+b$의 그래프가 x축 또는 y축과 만나는 점의 좌표

함수 $y=ax+b(a\neq 0, b\neq 0)$의 그래프는 원점을 지나지 않는 직선 모양이다. 이때 일차함수 $y=ax+b$의 그래프가 x축과 만나는 점을 x절편, y축과 만나는 점을 y절편이라 한다. $y=ax$의 그래프의 x절편과 y절편은 모두 $(0, 0)$이다.

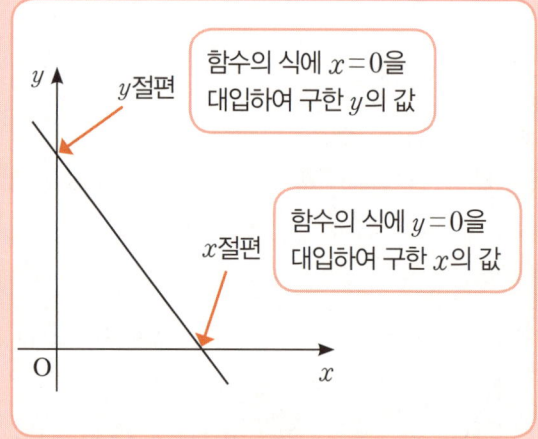

▶ 일차함수, 함수

점대칭도형 點對稱圖形 symmentric figure for a point

한 도형을 한 점을 중심으로 180° 돌렸을 때, 처음 도형과 완전히 겹쳐지는 도형

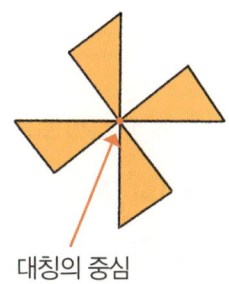

대칭의 중심

바람개비의 가운데에 핀을 꽂고 180° 돌려 보면 처음 모양과 똑같다. 이처럼 한 점을 중심으로 180° 돌렸을 때, 처음과 똑같은 도형을 '점대칭도형'이라 하고, 중심이 되는 점을 '대칭의 중심'이라 한다. 이 대칭의 중심은 1개뿐이다.

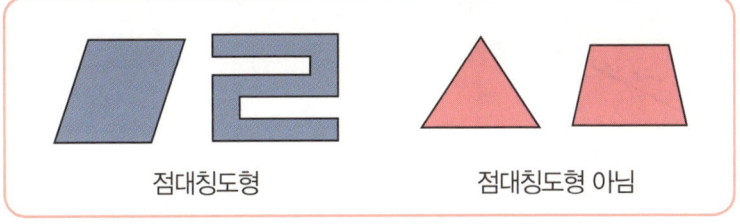

점대칭도형의 대응이 되는 점을 '대응점', 대응이 되는 변을 '대응변', 대응이 되는 각을 '대응각'이라고 한다. 점대칭도형의 대응변의 길이와 대응각의 크기는 서로 같다. 또한 각 대응점은 대칭의 중심까지 같은 거리에 있다. 대응점끼리 이은 선분은 대칭의 중심에 의해 이등분된다.

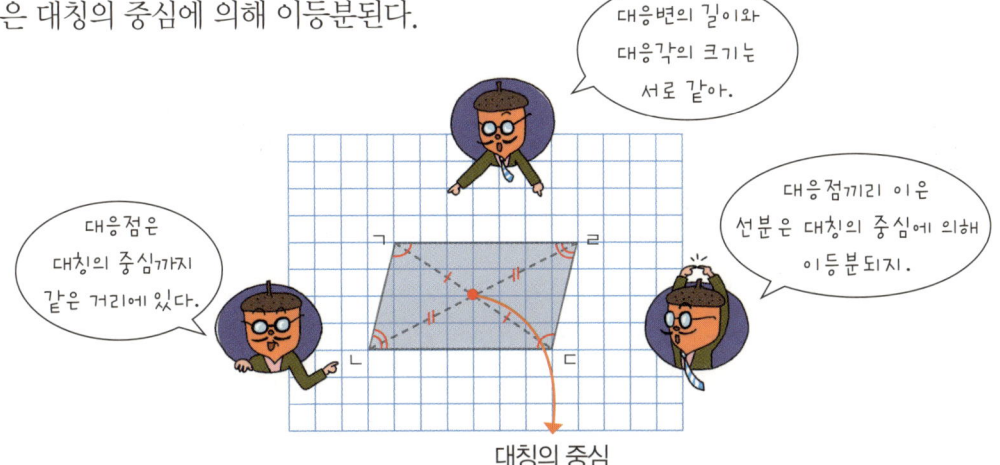

▶ 선대칭도형, 점대칭의 위치에 있는 노형

점대칭의 위치에 있는 도형

한 점을 중심으로 두 개의 도형을 180° 돌렸을 때 완전히 포개어지는 두 도형

두 개의 삼각형을 한 점을 중심으로 180° 돌렸을 때 두 도형이 완전히 포개진다. 이때 두 도형을 '점대칭의 위치에 있다'라고 하고, 두 도형을 '점대칭의 위치에 있는 도형'이라고 한다. 그리고 이 점을 '대칭의 중심'이라고 하고, 대칭의 중심은 1개뿐이다.

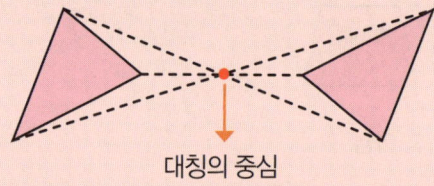
대칭의 중심

점대칭의 위치에 있는 도형의 대응변의 길이와 대응각의 크기는 서로 같다. 또한 대응점에서 대칭의 중심까지의 거리는 서로 같다.

대응점은 대칭의 중심에서 같은 거리야.

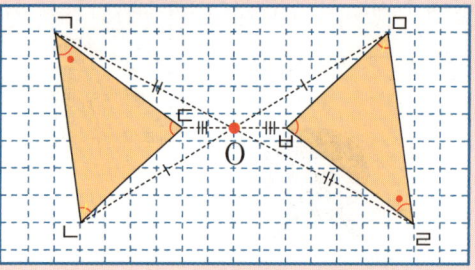

대응변과 대응각의 길이는 서로 같아.

대응점: 점 ㄱ과 점 ㄹ, 점 ㄴ과 점 ㅁ, 점 ㄷ과 점 ㅂ
대응변: 변 ㄱㄴ과 변 ㄹㅁ, 변 ㄱㄷ과 변 ㄹㅂ, 변 ㄴㄷ과 변 ㅁㅂ
대응각: 각 ㄱㄴㄷ과 각 ㄹㅁㅂ, 각 ㄴㄱㄷ과 각 ㅁㄹㅂ, 각 ㄱㄷㄴ과 각 ㄹㅂㅁ

▶ 선대칭의 위치에 있는 도형, 점대칭도형

정다각형 正多角形 regular polygon
변의 길이와 각의 크기가 모두 같은 다각형

정다각형의 이름은 변의 개수에 따라 정삼각형, 정사각형, 정오각형 등으로 정해진다.

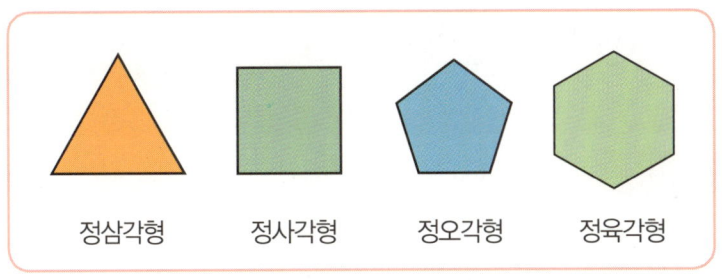

다양한 정다각형을 이용한 테셀레이션

▶ 다각형, 정사각형, 정삼각형

정비례 正比例 direct proportion
한쪽 양이 커질 때 다른 쪽 양도 같은 비율로 커지는 관계

두 양 x, y에서 x가 2배, 3배, 4배… 커질수록 y도 2배, 3배, 4배…로 일정하게 커진다. 이때 x와 y는 '정비례 관계'라고 한다. x와 y가 정비례하면 $y=2\times x$, $y=3\times x$, $y=4\times x$…와 같이 나타낼 수 있으므로, 정비례 관계는 $y=★\times x$로 나타낼 수 있다.

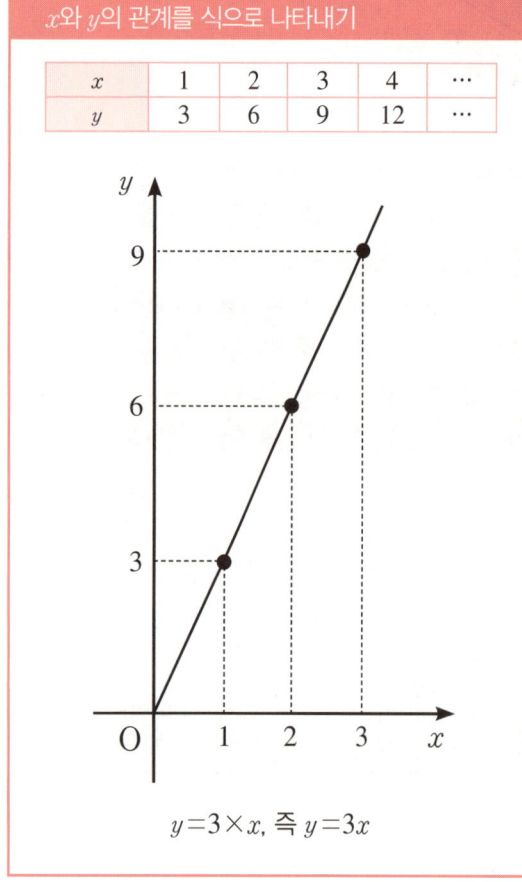

▶ 반비례, 함수

정사각형 正四角形 regular quadrilateral
네 각이 모두 직각이고, 네 변의 길이가 모두 같은 사각형

정사각형은 두 쌍의 마주 보는 변이 서로 평행하고, 두 대각선의 길이가 서로 같다.

정사각형은 네 각이 모두 직각이므로 직사각형이라고 할 수 있고, 네 변의 길이가 모두 같으므로 마름모라고 할 수 있다. 또한 마주 보는 변이 서로 평행하므로 사다리꼴, 평행사변형이라고도 할 수 있다.

에이, 정사각형 딸기가 되니까 너무 맛없어 보인다!

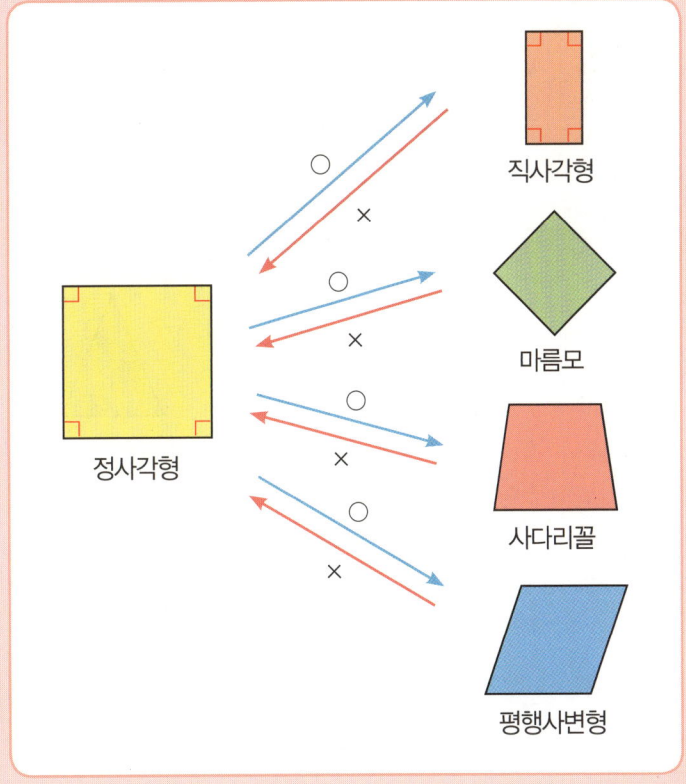

▶ 마름모, 사각형, 사다리꼴, 직사각형, 평행사변형

정사각형의 넓이

모눈종이에 정사각형을 그리고 모눈 1칸의 넓이가 $1\,cm^2$임을 이용해 정사각형의 넓이를 구할 수 있다. 정사각형은 직사각형이므로, 정사각형의 넓이는 (가로)×(세로)로 구할 수 있다. 따라서 정사각형의 넓이는 $3\times 3=9(cm^2)$이다.

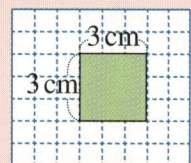

그런데 정사각형은 가로의 길이와 세로의 길이가 서로 같으므로 한 변의 길이만을 이용해 넓이를 구할 수 있다. 즉 정사각형의 넓이는 (한 변의 길이)×(한 변의 길이)가 된다.

(정사각형의 넓이)
= (한 변의 길이)×(한 변의 길이)

▶ 다각형의 넓이, 정사각형

정삼각형 正三角形 regular triangle

세 변의 길이가 서로 같은 삼각형

정삼각형의 세 각의 크기는 $60°$ $(180°\div 3=60°)$로 모두 같다.
정삼각형은 세 각이 모두 $60°$인 예각이므로 예각삼각형이라고 할 수 있다. 또한 세 변의 길이가 모두 같으므로 이등변삼각형이라고도 할 수 있다.

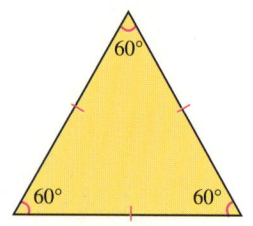

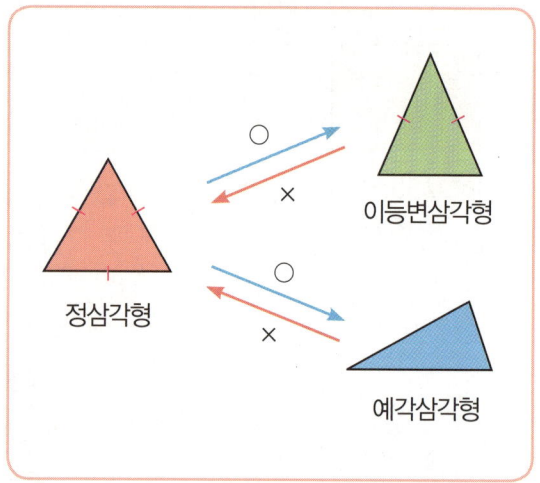

▶ 삼각형, 예각삼각형, 이등변삼각형

정수 整數 integer
양의 정수, 0, 음의 정수를 모두 통틀어 이르는 수

양의 정수는 자연수와 같으며, 자연수 앞에 양의 부호 '+'를 붙이는데, 보통은 생략한다. 음의 정수는 자연수 앞에 음의 부호 '−'를 붙여 나타낸다.

▶ 실수, 유리수, 자연수

정육면체 正六面體 cube
크기가 같은 정사각형 6개로 둘러싸인 입체도형

정육면체는 면 6개, 모서리 12개, 꼭짓점 8개이다.

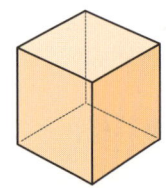

정사각형 6개로 둘러싸인 정육면체는 직육면체이지만, 직사각형으로 둘러싸인 직육면체는 정육면체라 할 수 없다.

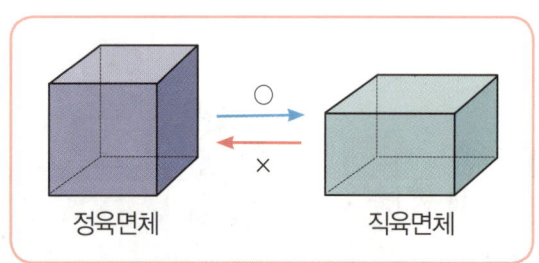

정육면체를 그릴 때 보이지 않는 부분은 겨냥도를 이용해 점선으로 나타낸다. 정육면체의 전개도는 6개 면이 모두 정사각형으로 똑같은 모양이 되도록 그린다.

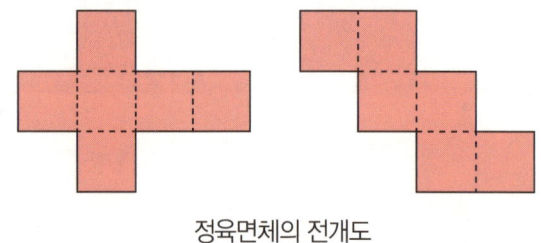

정육면체의 전개도

길쭉한 바나나는 여기에 못 들어 오지.

그럴 줄 알고 직육면체를 준비했지!

▶ 각기둥, 직육면체

제곱 squre

같은 수나 문자를 두 번 곱하는 것

수나 문자를 두 번, 세 번, 네 번 곱하는 것을 제곱, 세제곱, 네제곱이라 하는데, 이것들을 통틀어 '거듭제곱'이라 한다.

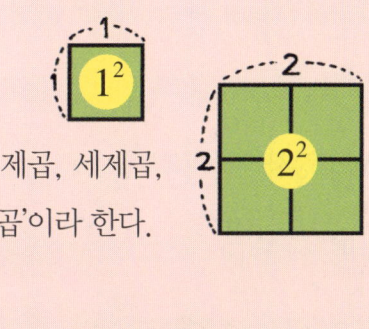

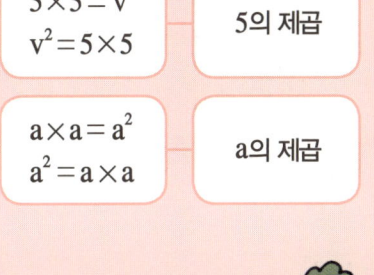

$5 \times 5 = v^2$
$v^2 = 5 \times 5$ ─ 5의 제곱

$a \times a = a^2$
$a^2 = a \times a$ ─ a의 제곱

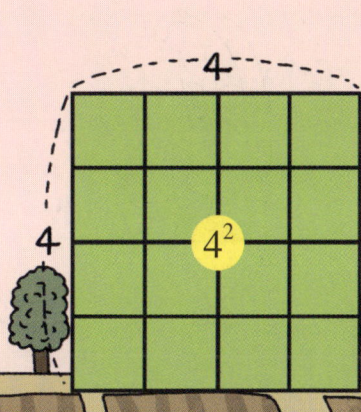

5년 만에 25배의 땅이 되었네!

▸ 거듭제곱

ㅈ

제곱미터 square meter
단위 기호가 m²인 넓이의 단위

1 m²는 한 변이 1 m인 정사각형의 넓이이다. 1 m는 100 cm와 같으므로 1 m²는 10000 cm² 와 같다.

제곱센티미터 square centimeter
단위 기호가 cm²인 넓이의 단위

1 cm²는 1 m²의 만 분의 일이다.

▶ 넓이, 제곱센티미터

▶ 넓이, 제곱미터

좌표 座標 coordinates
수직선 또는 좌표평면 위의 한 점에 대응하는 수

수직선 위에 원점을 기준으로 원점에서 왼쪽으로 2만큼 떨어진 점을 A, 원점에서 오른쪽으로 3만큼 떨어진 점을 B라고 할 때, 점 A와 점 B에 대응하는 수를 그 점의 '좌표'라고 한다. 점 A와 점 B의 좌표를 기호로 A(−2), B(3)과 같이 나타낸다.

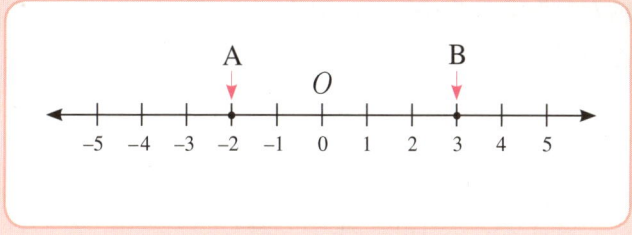

또 좌표평면 위의 한 점 P의 x좌표가 3, y좌표가 2일 때, 기호로 P(3, 2)와 같이 나타낸다.

원점 O의 좌표는 (0,0)이야.

▶ 좌표축, 좌표평면

좌표축 座標軸 axis of coordinates

x축과 y축을 통틀어 일컫는 말

가로의 수직선을 x축이라고 하고, 세로의 수직선을 y축이라고 하는데, 이것을 통틀어 '좌표축'이라고 한다. 이때 한 점에서 x축에 내린 수선이 x축과 만나는 점을 나타내는 수를 x좌표, 한 점에서 y축에 내린 수선이 y축과 만나는 점을 나타내는 수를 y좌표라고 한다.

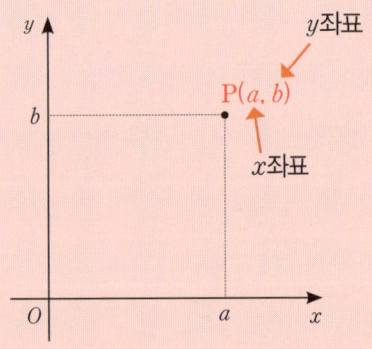

▶ 원점, 좌표평면

좌표평면 座標平面 coordinates plane

좌표축이 그려진 평면

가로의 수직선인 x축과 세로의 수직선인 y축이 그려진 평면을 '좌표평면'이라고 한다. 좌표평면은 프랑스의 수학자인 데카르트가 처음 생각해 냈다. 좌표평면을 통해 평면 위의 한 점의 위치를 하나의 순서쌍으로 나타낼 수 있게 되었고, 좌표평면 위에 함수의 그래프를 그릴 수 있게 되었다. 또 좌표평면은 좌표축에 의하여 네 부분으로 나누어지고, 이때 각 부분을 제1사분면, 제2사분면, 제3사분면, 제4사분면이라고 한다.

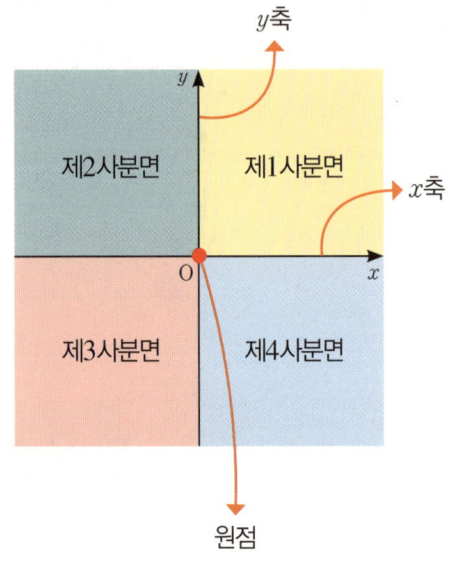

▶ 원점, 좌표축

주일 週日 week
일요일에서 토요일까지의 7일을 한데 묶어 세는 단위

달력을 보면 일, 월, 화, 수, 목, 금, 토라고 쓰여져 있다. 일요일부터 토요일까지 7일을 1주일이라 하고, 같은 요일은 7일마다 반복된다. 만약 1일이 월요일이라면 다음 주 월요일은 8일이고, 그 다음 주 월요일은 15일이다. 이처럼 1주일은 규칙적으로 7일이 반복되므로 어떤 날의 요일만 알면 다른 날짜와 요일까지 더불어 알 수 있다.

▶ 년, 월

줄기와 잎 그림 stem-and-leaf plot

변량을 두 부분으로 나누어 왼쪽 부분을 줄기에, 오른쪽 부분을 잎에 나타낸 그림

자료의 값을 큰 자리의 수와 작은 자리의 수로 나누어 세로줄의 왼쪽에는 큰 자리의 수를, 세로줄의 오른쪽에는 작은 자리의 수를 기록한 그림을 '줄기와 잎 그림'이라고 한다. 줄기와 잎 그림은 원래의 변량을 정확히 알 수 있을 뿐만 아니라 자료의 전체적인 분포 상태도 쉽게 알아볼 수 있다. 줄기와 잎 그림은 보통 다음의 순서에 따라 나타낸다.

〈줄넘기 횟수〉

줄기	잎	자료의 값
6	0 2	60, 62
7	2 6	72, 76
8	1 4 5 5 5 8	81, 84, 85, 85, 85, 88
9	2 3 3 7	92, 93, 93, 97
10	7	107

줄기와 잎 그림 그리기

① 자료의 값이 줄기와 잎 그림에 모두 나타낼 수 있도록 줄기와 잎을 정한다.
  이때 자료의 값이 두 자리 수이면 십의 자리 숫자를 줄기에, 일의 자리 숫자를 잎에 나타낸다.
② 세로선을 긋고, 세로선의 왼쪽에 줄기의 수를, 오른쪽에 잎의 수를 써넣는다.
③ 알맞은 제목을 붙인다.

줄기	잎
3	2 5 7
4	3 5 6 6 8
5	4 9

▶ 그래프, 변량

ㅈ

중점 中點 middle point
선분을 이등분한 점

중점은 선분의 한가운데에 있으므로 중점에서 양끝까지의 거리는 서로 같다.
시소에서도 중점을 볼 수 있는데, 시소의 받침대의 위치가 바로 중점의 위치이다.

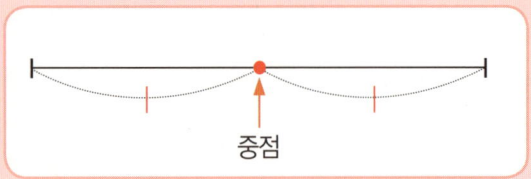

▶ 선분

직각 直角 right angle
두 직선이 만나서 90°가 되는 각

직사각형의 모서리는 글자 ㄱ이나 ㄴ처럼 생겼다. 이 각을 재어 보면 90°, 즉 직각이 된다. 직각은 두 변 사이에 ∟로 나타낸다.

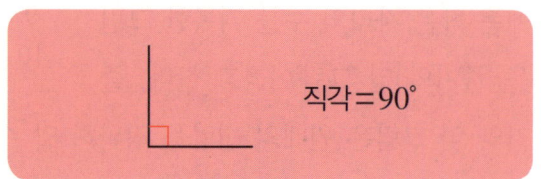

▶ 둔각, 수직, 예각

직각삼각형 直角三角形 right triangle
한 각이 직각인 삼각형

삼각형은 각의 크기에 따라서 이름이 달라진다.
한 각이 90°, 즉 직각인 삼각형을 '직각삼각형'이라고 한다.
직각삼각형의 한 각은 직각이고, 나머지 두 각은 예각이다.

▶ 둔각삼각형, 삼각형, 예각삼각형

직사각형 直四角形 rectangle
네 각이 모두 직각인 사각형

직사각형은 마주 보는 두 쌍의 변이 서로 평행하고, 두 대각선의 길이는 같다. 직사각형은 마주 보는 두 변이 평행하므로 사다리꼴, 평행사변형이라고 할 수 있다. 하지만 네 변의 길이가 모두 같지 않으므로 정사각형, 마름모라고 할 수 없다.

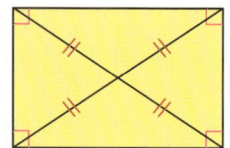

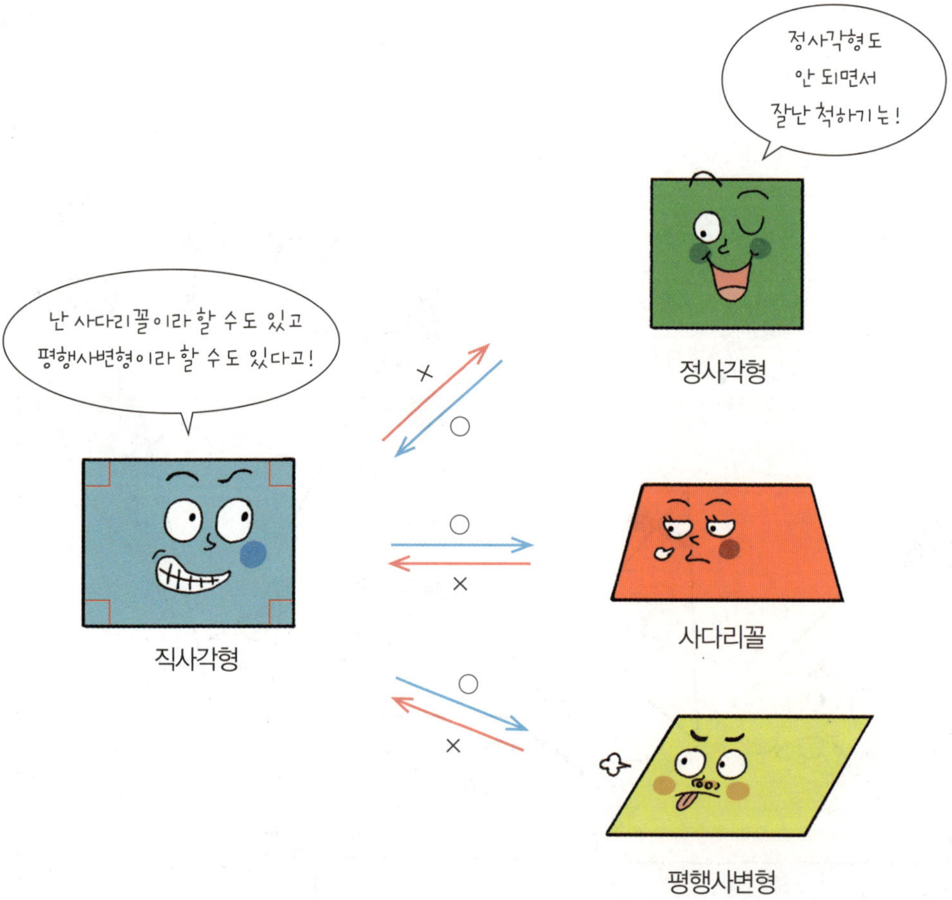

▶ 사각형, 정사각형

직사각형의 넓이

도형의 넓이는 '단위넓이'를 이용할 수 있다. 단위넓이란 어떤 공간이나 물건의 넓이를 잴 때 기준이 되는 넓이이다. 모눈종이에 직사각형을 그려 모눈 1칸의 넓이가 $1\,cm^2$임을 이용해 넓이를 구할 수 있다.

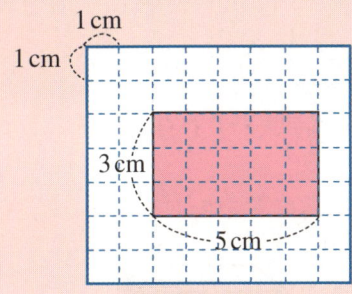

$$5 \times 3 = 15(cm^2)$$

위의 직사각형의 전체 모눈의 칸수는 $5 \times 3 = 15$칸, 즉 (가로 칸 수)×(세로 칸 수)이다. 따라서 직사각형의 넓이는 (가로의 길이)×(세로의 길이)=$5 \times 3 = 15(cm^2)$임을 알 수 있다.

(정사각형의 넓이) = (가로)×(세로)

▶ 다각형의 넓이, 정사각형의 넓이, 직사각형

직선 直線 straight line
선분을 양쪽으로 한 없이 늘인 곧은 선

선분은 길이를 잴 수 있지만, 직선은 잴 수 없다. 두 점을 지나는 직선은 하나밖에 그릴 수 없지만, 한 점을 지나는 직선은 수없이 많이 그릴 수 있다.

▶ 곡선, 선분

직육면체 直六面體 rectangular parallelepiped
직사각형 6개로 둘러싸인 입체도형

직육면체는 직사각형 6개로 둘러싸인 사각기둥으로, 마주 보는 두 면은 서로 평행이고 합동이다. 직육면체는 면 6개, 모서리 12개, 꼭짓점 8개로 이루어져 있다. 직육면체의 겨냥도를 그릴 때 보이지 않는 부분은 점선으로 그린다. 직육면체의 전개도는 마주 보는 두 면의 크기가 같게 그려야 한다.

▶ 각기둥, 정육면체

직육면체의 겉넓이

직육면체의 겉면의 넓이

직육면체에는 서로 합동인 면이 3쌍 있으므로 이를 이용하여 겉넓이를 구하거나 각기둥의 겉넓이 구하는 공식을 이용한다.

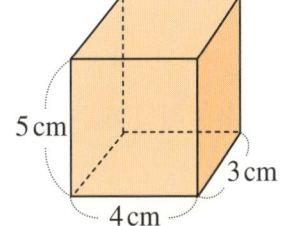

① 여섯 면의 넓이의 합
$(4\times5)+(3\times5)+(4\times5)+(3\times5)+(4\times3)+(4\times3)=94\,\text{cm}^2$

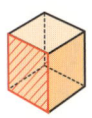 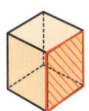  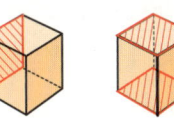 

② (합동인 세 면의 넓이의 합)×2
$\{(4\times5)+(3\times5)+(4\times3)\}\times2=94\,\text{cm}^2$

 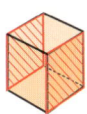 

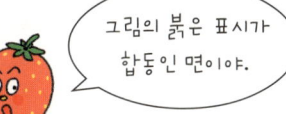

그림의 붉은 표시가 합동인 면이야.

③ (한 밑면의 넓이)×2+(옆면의 넓이)
(밑면의 넓이)=(밑면의 가로)×(밑면의 세로)
(옆면의 넓이)=(밑면의 둘레)×(높이)=(밑면의 가로+세로+가로+세로)×(높이)
$(4\times3)\times2+(4+3+4+3)\times5=94\,\text{cm}^2$

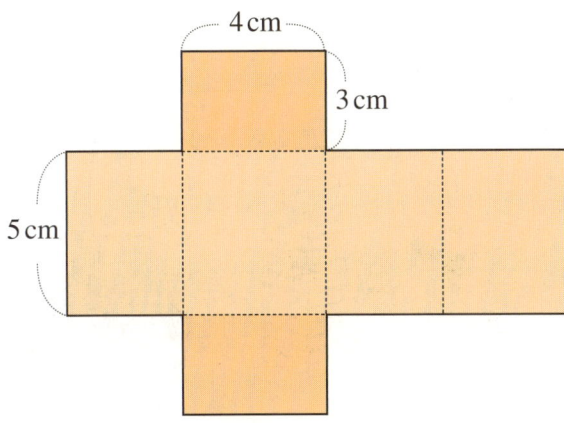

▶ 직육면체, 직육면체의 부피

ㅈ

직육면체의 부피
직육면체가 공간에서 차지하는 크기

입체도형의 부피는 쌓기나무의 개수를 구하는 것과 같다. 부피가 $1\,cm^3$인 정육면체 모양의 쌓기나무를 직육면체 모양으로 쌓은 뒤, 정육면체의 개수를 세어 보면 부피를 구할 수 있다.

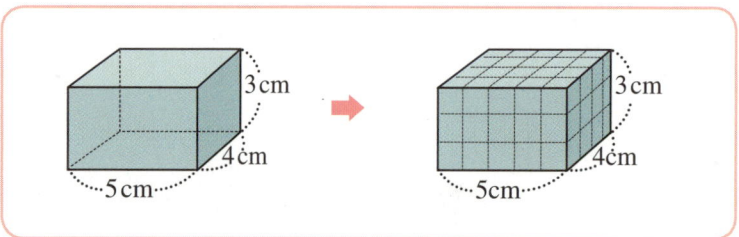

쌓여 있는 쌓기나무의 개수를 세어 보니 밑면에 $5 \times 4 = 20$(개), 높이는 3층으로 쌓았다. 따라서 쌓기나무가 모두 $5 \times 4 \times 3 = 60$(개)이므로 직육면체의 부피는 $60\,cm^3$이다. 즉 직육면체의 부피는 (한 밑면의 넓이)×(높이)로 구할 수 있고, 한 밑면의 넓이는 (가로)×(세로)이므로 (가로)×(세로)×(높이)로 직육면체의 부피를 구할 수 있다.

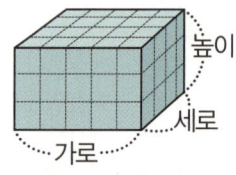

(직육면체의 부피)
= (한 밑면의 넓이)×(높이)
= (가로)×(세로)×(높이)

▶ 직육면체, 직육면체의 겉넓이

진분수 眞分數 proper fraction
분자가 분모보다 작은 분수

$\frac{1}{5}, \frac{2}{5}, \frac{3}{5}, \frac{4}{5}$와 같이 분자가 분모보다 작은 분수를 '진분수'라고 한다. 진분수의 크기는 0보다 크고 1보다 작다. 진분수 중에서 $\frac{1}{5}$과 같이 분자가 1인 분수를 단위분수라고 한다.

▶ 가분수, 단위분수, 대분수, 분수

집합 集合 set
어떤 조건에 의하여 그 대상이 분명한 것들의 모임

집합은 그 기준 또는 조건이 객관적이어야 한다. 집합을 이루는 대상 하나하나를 '원소'라고 하며, 집합을 나타내는 방법에는 원소를 { } 안에 모두 나열하는 '원소나열법'과 원소들이 가지는 공통적인 성질을 조건으로 나타내는 '조건제시법'이 있다. 또 집합은 보통 알파벳 대문자 A, B, C …를 사용하며 나타낸다.

원소나열법

10보다 작은 홀수의 집합 A
A = { 1, 3, 5, 7, 9 }

조건제시법

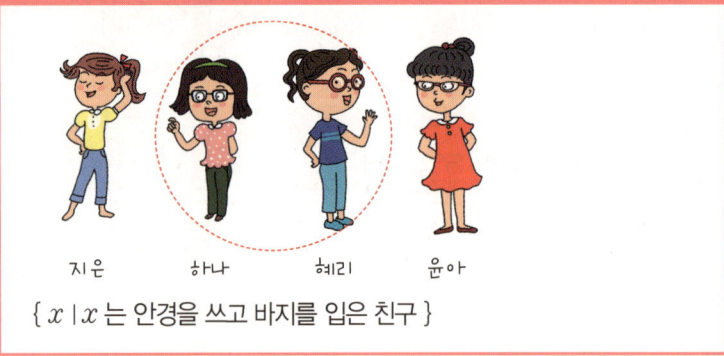

지은 하나 혜리 윤아

{ $x \mid x$ 는 안경을 쓰고 바지를 입은 친구 }

우리는 가장 예쁜 여학생들의 집합이야?

기준이 명확하지 않으므로 집합이 아니야.

짝수 even number
2로 나누어떨어지는 수

2, 4, 6, 8, 10…과 같이 둘씩 짝을 지을 수 있는 수를 '짝수'라고 한다. 짝수는 2의 배수인 자연수이다.

▶ 배수, 홀수

차 差 difference
두 수의 크기의 차이

두 수의 차는 보통 큰 수에서 작은 수를 빼서 구한다. 뺄셈이 앞의 수에서 뒤의 수를 빼는 것이라고 하면 '차'는 큰 수에서 작은 수를 빼는 것임에 유의한다. 따라서 두 수의 차는 항상 0보다 크거나 같다.

> 2와 4의 차 : $4-2=2$
>
> 2 빼기 4 : $2-4=-2$

▶ 빼기, 뺄셈

차수 次數 degree
항에서 문자가 곱해진 개수

수 또는 문자의 곱으로 이루어진 몇 개의 항의 합으로 이루어진 식이 다항식인데, 특히 다항식의 차수는 다항식에서 차수가 가장 큰 항의 차수이다.

> wx의 차수 ☞ 1
>
> $4x^2$의 차수 ☞ 2
>
> 다항식 $2x-1$의 차수 ☞ 1
>
> 다항식 x^2+3x+2의 차수 ☞ 2

차수가 가장 큰 항의 차수가 1인 다항식을 '일차식'이라 하고, 차수가 가장 큰 항의 차수가 2인 다항식을 '이차식'이라 한다.

> · 일차식 : $-x+5$, $4x-3$, $3a+2$
>
> · 이차식 : x^2-x+3, $3x^2+1$, $3a^2+3a$

▶ 다항식, 항

초과 超過 greater than

어떤 수보다 큰 수

1부터 11까지의 자연수 중에서 7 초과인 수는 8, 9, 10, 11이다. 7 초과인 수는 7보다 큰 수이므로 7은 포함되지 않는다.

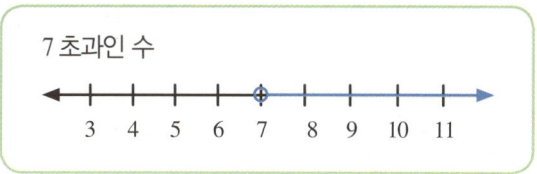

▶ 미만, 이상, 이하

초침 秒針 second hand

시계에서 초를 나타내는 바늘

바늘이 3개로 된 시계 중 가장 빠르게 움직이는 바늘은 초를 나타낸다. 이때 초를 나타내는 바늘을 '초침'이라고 한다.

▶ 분침, 시침

최대공약수 最大公約數 greatest common divisor

2개 이상의 수의 공약수 중 가장 큰 수

공약수 중 가장 큰 수를 '최대공약수'라고 한다. 예를 들어 8의 약수는 1, 2, 4, 8이고, 12의 약수는 1, 2, 3, 4, 6, 12이므로, 8과 12의 공약수는 1, 2, 4이고, 가장 큰 4가 최대공약수이다. 또한 8과 12의 최대공약수인 4의 약수는 8과 12의 공약수인 1, 2, 4이다.

최대공약수 구하기

방법 1

8의 약수
☞ 1, 2, 4, 8

12의 약수
☞ 1, 2, 3, 4, 6, 12

최대공약수
☞ 4

방법 2

$\begin{array}{r} 2\,\underline{)\,8\quad 12} \\ 2\,\underline{)\,4\quad 6} \\ 2\quad 3 \end{array}$

최대공약수
☞ $2 \times 2 = 4$

방법 3

$8 = 2 \times 2 \times 2$
$12 = 2 \times 2 \times 3$

최대공약수
☞ $2 \times 2 = 4$

▶ 공약수, 약수, 최소공배수

최소공배수 最小公倍數 least common mutiple
2개 이상의 수의 공배수 중 가장 작은 수

6의 배수는 6, 12, 18, 24, 30, 36, 42, 48, 54…이고, 9의 배수는 9, 18, 27, 36, 45, 54…이다. 6과 9의 공배수는 18, 36, 54…이고, 최소공배수는 공배수 중 가장 작은 값인 18이다. 또한 6과 9의 최소공배수인 18의 배수는 6과 9의 공배수인 18, 36, 54…이다.

자연수는 무한히 커지므로 최대공배수라는 것은 구할 수 없어.

최소공배수 구하기

방법 1

6의 배수
☞ 6, 12, 18, 24, 30, 36 …

9의 배수
☞ 9, 18, 27, 36 …

최소공배수
☞ 18

방법 2

$$\begin{array}{r|rr} 3 & 6 & 9 \\ \hline & 2 & 3 \end{array}$$

최소공배수
☞ $3 \times 2 \times 3 = 18$

방법 3

$6 = 2 \times 3$

$9 = 3 \times 3$

최소공배수
☞ $3 \times 2 \times 3 = 18$

▶ 공배수, 배수, 최대공약수

ㅋ

킬로그램 kilogram

단위 기호 kg으로 나타내는 무게의 단위

1 kg은 1 g의 1000배이다. 즉 1 kg은 1000 g과 같다.

$$1\,kg = 1000\,g$$

▶ 그램, 무게

킬로미터 kilometer

단위 기호 km로 나타내는 길이의 단위

1 km는 1000 m와 같다. 킬로미터는 서울에서 부산과의 거리, 한국에서 미국과의 거리 같은 먼 거리를 나타낼 때 사용된다.

$$1\,km = 1000\,m$$

▶ 거리, 미터, 센티미터

톤 ton

단위 기호 t으로 나타내는 무게의 단위

1 t은 1 kg의 1000배이다. 즉 1 t은 1000 kg 과 같다. 톤은 트럭, 배 등 무거운 물건의 무게를 나타낼 때 사용한다.

$$1\,t = 1000\,kg$$

▶ 무게, 킬로그램

통분 通分 reduction

분수의 분모를 같게 만드는 것

분모가 다른 둘 이상의 분수를 크기는 변하지 않으면서 분모가 같은 분수로 만드는 것을 '통분'이라고 한다. 통분으로 같아진 분모를 '공통분모'라고 한다.

통분하는 방법

- $\dfrac{5}{6}$ 와 $\dfrac{3}{8}$ 통분하기

방법 1 분모의 곱을 공통분모로 한다.

$$\dfrac{5}{6} = \dfrac{5\times 8}{6\times 8} = \dfrac{40}{48},\ \dfrac{3}{8} = \dfrac{3\times 6}{8\times 6} = \dfrac{18}{48}$$

방법 2 6과 8의 최소공배수 24를 공통분모로 한다.

$$\dfrac{5}{6} = \dfrac{5\times 4}{6\times 4} = \dfrac{20}{24},\ \dfrac{3}{8} = \dfrac{3\times 3}{8\times 3} = \dfrac{9}{24}$$

▶ 공통분모, 최소공배수

평균 平均 average
전체를 더한 합계를 총 개수로 나눈 값

시험을 보고 나면 평균을 내어 각 학년의 학생들의 성적은 대체로 높았는지, 낮았는지 판단한다. 또 나의 성적이 전체 학생 중에서 어느 정도의 위치에 있는지 판단할 때에도 평균을 사용한다. 이와 같이 평균은 변량의 특성을 보여주는 대표하는 값 중에서 가장 많이 사용되며 우리 생활에서도 이용되는 경우가 많은 값이다.

$$(평균) = \frac{(자료의\ 합계)}{(자료의\ 개수)}$$

예 다섯 과목의 시험 점수의 평균을 구해 보자.

〈시험 점수〉

과목	국어	수학	사회	과학	영어
점수(점)	84	88	96	92	90

$$(평균) = \frac{84+88+96+92+90}{5}$$
$$= \frac{450}{5} = 90점$$

▶ 변량

평면도형 平面圖形 plane figure

길이나 폭만 있고, 두께가 없는 도형

평면도형은 점, 직선, 사각형, 원처럼 두께가 없는 도형이다. 예를 들어 사각형은 평면도형이고, 사각기둥은 입체도형이다.

▶ 입체도형

평행 平行 parallel

한 평면 위에 두 직선이나 두 평면이 서로 만나지 않는 것

평행인 두 직선 또는 두 평면은 아무리 길게 늘여도 절대 만나지 않는다. 또한 각기둥과 원기둥 등의 두 밑면은 서로 평행하다.

▶ 직선, 평행선

평행사변형 平行四邊形 parallelogram
마주 보는 두 쌍의 변이 서로 평행인 사각형

평행사변형의 평행인 두 변을 밑변이라 하고, 두 밑변 사이의 거리를 '높이'라 한다.

평행사변형은 서로 마주 보는 변의 길이와 각의 크기가 같고, 한 대각선은 다른 대각선을 이등분한다.

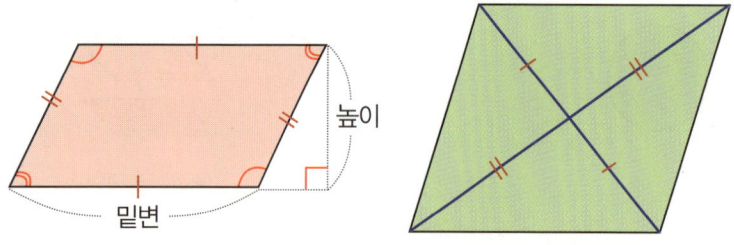

평행사변형은 마주 보는 한 쌍의 변이 평행하므로, 사다리꼴이라고 할 수 있다. 하지만 사다리꼴은 평행사변형이 아니다.

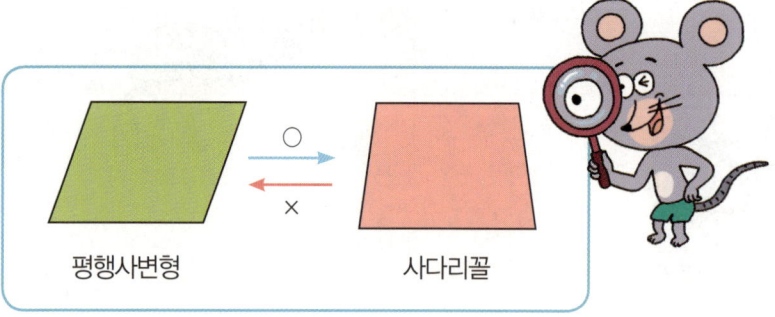

▶ 사각형, 평행

평행사변형의 넓이

밑변의 길이와 높이를 알면 평행사변형의 넓이를 구할 수 있다. 아래와 같이 평행사변형을 잘라서 옮겨 붙여 직사각형을 만들어 본다.

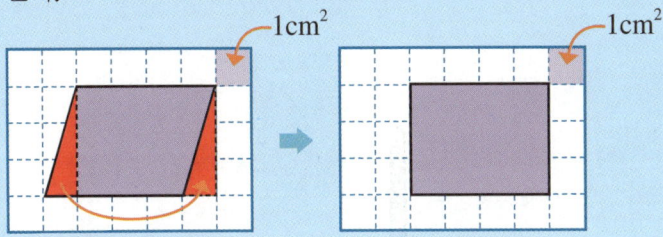

그러면 평행사변형의 밑변, 높이는 각각 직사각형의 가로, 세로와 같다. 즉 평행사변형의 넓이는 직사각형의 넓이와 같다. 따라서 평행사변형의 넓이는 (밑변)×(높이)가 된다.

(평행사변형의 넓이) = (밑변)×(높이)

평행사변형의 모양이 서로 다르더라도 밑변의 길이와 높이가 같으면 넓이가 서로 같다.

▶ 다각형의 넓이, 평행사변형

평행선 平行線 parallel lines
한 평면 위에서 서로 만나지 않는 두 직선

평행선은 아무리 길게 늘여도 서로 만나지 않는다.

다음과 같은 두 직선을 길게 늘이면 서로 만나게 되므로 평행선이 아니다.

▶ 직선, 평행

평행선 사이의 거리
두 평행선을 수직으로 이은 선분의 길이

평행선 사이의 선분 중 수직인 선분의 길이는 모두 같다. 평행선 사이의 수직이 아닌 선분의 길이는 평행선 사이의 거리가 아니다.

▶ 평행선

평행이동 平行移動 translation
한 도형을 일정한 방향으로 일정한 거리만큼 이동하는 것

평행이동이라는 것은 모양이 바뀌지 않은 상태에서 위치만 바뀌는 것으로, 함수의 그래프에서 많이 사용된다. 한 그래프를 x축의 방향으로 a만큼, y축의 방향으로 b만큼 움직이면 그래프의 모양은 변하지 않고 위치만 바뀐다. 즉 일차함수 $y=ax$의 그래프를 y축의 방향으로 b만큼 평행이동한 그래프의 식은 $y=ax+b$이고, 두 일차함수 $y=ax$와 $y=ax+b$의 그래프의 기울기는 서로 같다.

> 예 일차함수 $y=2x$의 그래프를 y축의 방향으로 3만큼 평행이동한 그래프의 식은 $y=2x+3$이다.

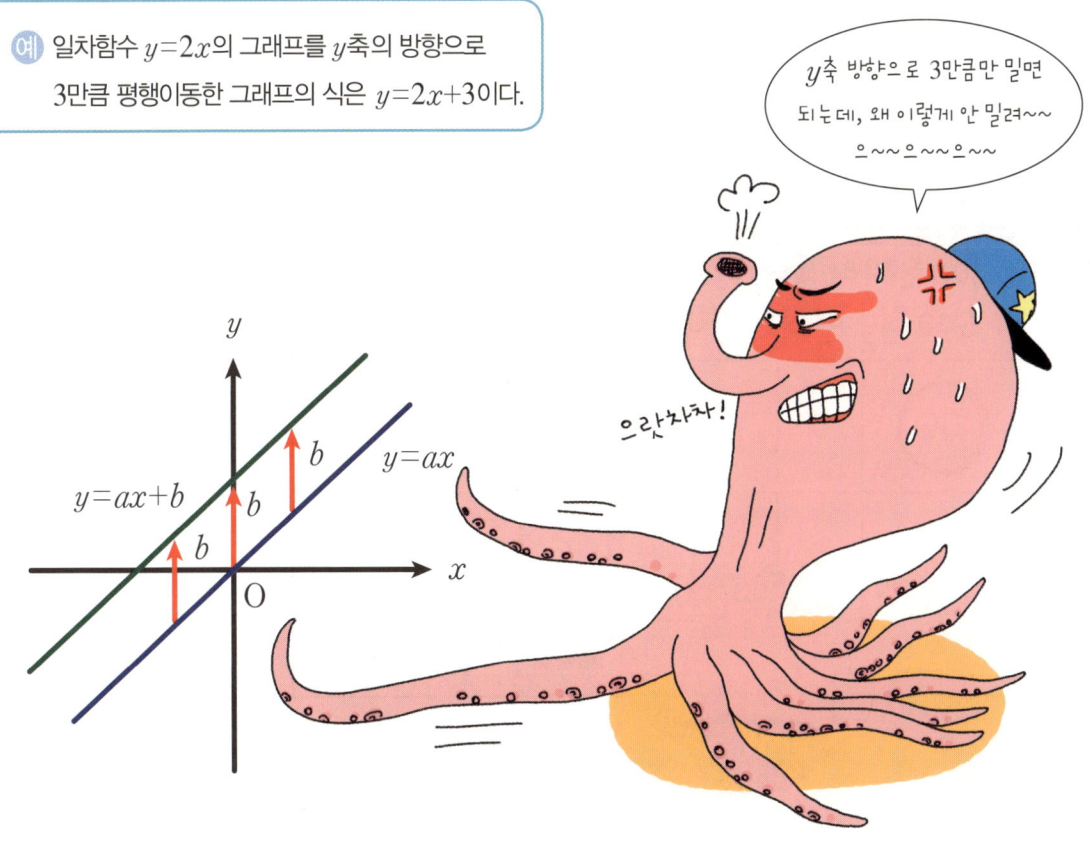

▶ 일차함수의 그래프

표 表 table
자료를 일정한 형식에 따라 보기 좋게 나타낸 것

자료를 정리하는 방법으로 표가 많이 사용된다. 표란 자료를 정한 기준에 따라 직사각형 모양의 칸에 정리하는 방법이다. 또한 복잡한 문제를 해결할 때 표를 이용하면 모든 경우를 빠짐없이 한눈에 알아볼 수 있어 편리하다.

> 예) 100원짜리 동전과 50원짜리 동전으로 500원을 만드는 방법을 알아보자.
>
> | 100원짜리 (개) | 5 | 4 | 3 | 2 | 1 | 0 |
> |---|---|---|---|---|---|---|
> | 50원짜리 (개) | 0 | 2 | 4 | 6 | 8 | 10 |
>
> ☞ 표에 나타낸 방법은 모두 6가지이다.

▶ 그래프

할푼리 割分厘

비율을 소수로 나타낼 때, 소수 첫째 자리를 '할', 소수 둘째 자리를 '푼', 소수 셋째 자리를 '리'라고 함

할푼리는 비율을 소수로 나타내는 데 사용되는 단위로, 0.1을 '할'로, 0.01을 '푼(또는 분)'으로, 0.001을 '리'로 나타낸다. 예를 들면, 1에 대한 비율 0.125는 '일할 이푼 오리'라고 읽으며, 백분율로는 12.5 %가 된다. 우리나라와 일본에서 야구의 타율을 나타낼 때 많이 사용된다.

0.358 ☞ 3할 5푼 8리

함수 函數 function

두 변수 x와 y사이에 x의 값이 정해지면 y의 값도 정해질 때, x를 y의 함수라 하며, 이것을 기호로 $y = f(x)$로 나타냄

음료수 자판기에서 우리가 원하는 음료수 버튼을 누르면 음료수 캔이 나오듯이, 하나의 값에 따라 나오는 값이 정해지는 많은 경우가 있는데, 이런 대응 관계를 수학적으로 정리해 놓은 것이 함수이다.

예를 들어 넓이가 20 cm²인 직사각형의 가로가 10 cm이면 세로는 2 cm로 정해진다. 또 한 개에 500원 하는 연필 4자루의 값은 2000원으로 정해진다.

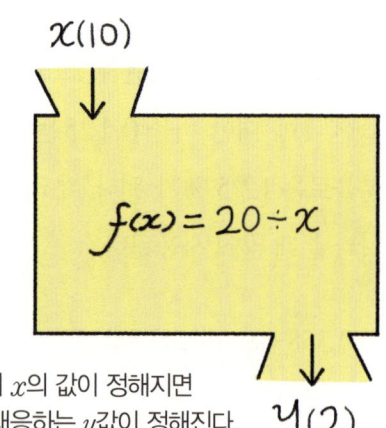

하나의 x의 값이 정해지면 이에 대응하는 y값이 정해진다.

▶ 반비례, 변수, 정비례, 함숫값

함숫값

함수에서 x의 값이 정해지면 그에 따라 정해지는 y의 값

함수에서 x와 y는 변수이다. 즉 x와 y에는 여러 가지 값을 대입할 수 있는데, x에 어떤 수를 대입하여 얻은 y의 값을 '함숫값'이라고 한다. 기호로 $f(x)$와 같이 나타낸다.

예를 들어 함수 $y=2x+1$의 x의 값에 1을 넣어 보면 $y=2x+1=2\times 1+1=3$
즉 기호로 나타내면 $f(1)=3$이고, 이것을 $x=1$일 때의 함숫값이라고 한다.
함수 $y=2x+1$의 x의 값에 2를 넣어 보면
$y=2x+1=2\times 2+1=5$
즉 기호로 나타내면 $f(2)=5$이고, 이것을 $x=2$일 때의 함숫값이라고 한다.

> 2를 넣으면 5가 나오겠지?
>
> ◀ $f(x)$ 기계 ▶
> $y=2x+1$
> ※ $x=2$를 넣으세요.

> **예** 일차함수 $y=3x$에 대하여 $x=2$일 때의 함숫값을 구하여라.
> $f(2)=3\times 2=6$

함숫값은 6이야.

$f(x)$의 유래

함수의 기호 $f(x)$에서 f는 함수를 나타내는 영문자 function의 첫 글자로, 독일의 수학자이자 철학자인 라이프니츠가 처음 사용하였다. 함수에서 변수, 즉 여러 가지로 변하는 값을 나타내는 문자는 보통 x, y로 많이 나타낸다. 함수 $f(x)$에서 $f(1)$은 $x=1$일 때 함숫값, 즉 $x=1$일 때 y의 값, $x=1$일 때 대응하는 y의 값을 나타낸다.

▶ 변수, 함수

ㅎ

합 合 sum
수들을 더한 결과

합은 수들을 더한 결과를 말한다. 2와 5의 합은 7이다.

$$2 + 5 = 7$$

어떤 수에 0을 더하면 합은 어떤 수 그대로이다. 9와 0의 합은 9이다.

$$9 + 0 = 9$$

▶ 더하기, 덧셈

합동 合同 congruence
모양과 크기가 같아서 완전히 포개어짐

모양과 크기가 모두 같은 도형은 서로 합동이라고 한다. 모양이나 크기 중 하나만 같을 경우에는 합동이라고 할 수 없다.

모양과 크기가 모두 같다

모양이나 크기가 다르다

▶ 합동인 도형

합동인 도형

모양과 크기가 같아서 완전히 포개어지는 도형

두 도형이 합동일 때, 만나는 점, 각, 변을 각각 대응점, 대응각, 대응변이라 한다. 이때 대응변의 길이와 대응각의 크기는 같다.

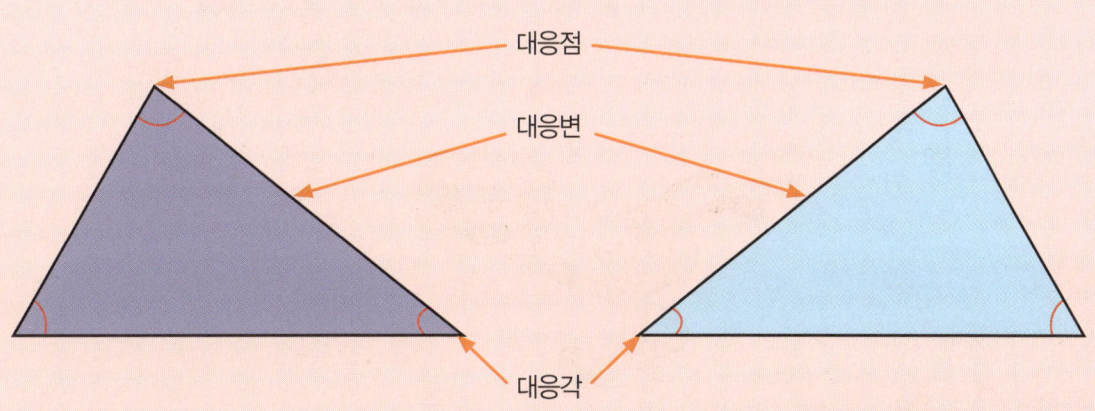

▶ 대응각, 대응변, 대응점, 합동

합성수 合成數 composit number

1보다 큰 자연수 중에서 소수가 아닌 수

약수가 1과 자기 자신뿐인 수를 소수라 하고, 소수의 약수의 개수는 2개이다. 약수의 개수가 3개 이상인 수를 '합성수'라고 한다. 약수의 개수가 한 개인 1은 소수도 합성수도 아니다. 따라서 자연수는 1, 소수, 합성수로도 분류할 수 있다.

▶ 소수, 약수

항 項 term

다항식에서 수 또는 문자의 곱으로 이루어진 식

항은 비, 비례식, 다항식 등에서 쓰이는 용어이다. 비 $a:b$에서는 a, b와 같은 수를 '항'이라고 한다. 비례식 $a:b=c:d$에서도 a, b, c, d를 항이라고 한다. 여러 개의 항의 합으로 이루어진 식인 다항식 $ax+b$에서는 ax, b가 항이 된다.

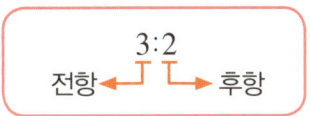

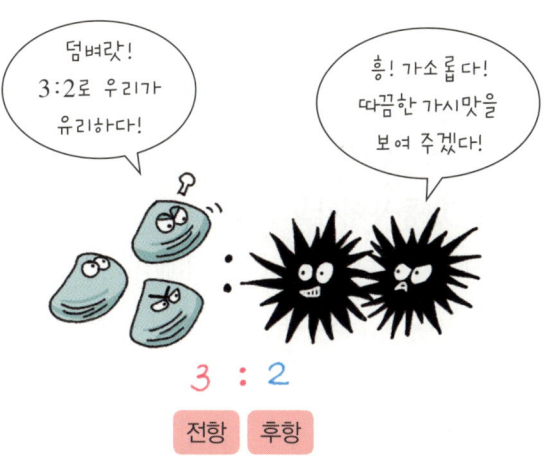

비 3:2에서 앞에 있는 수 3은 전항, 뒤에 있는 수 2는 후항이라고 한다.

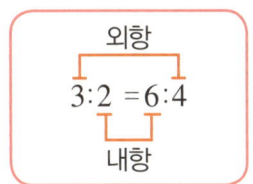

비례식에서 안쪽에 있는 두 항은 내항, 바깥쪽에 있는 두 항은 외항이라고 한다.

$2x+5$ → 상수항

다항식 $2x+5$에서 문자가 들어가지 않고, 수로만 이루어진 항을 상수항이라 한다.

▶ 다항식, 비, 비례식

항등식 恒等式 identical equation

미지수에 어떤 값을 대입하여도 항상 참이 되는 등식

등식은 등호가 있는 식이다. 미지수가 있는 등식 중에서 미지수의 값에 따라 참이 되거나 거짓이 되는 등식을 '방정식'이라고 한다. 반면에 미지수가 어떤 값이어도 항상 참인 등식이 있는데 이 등식을 '항등식'이라고 한다.

항등식인지 아닌지 판별하기 위해 미지수의 값에 일일이 수를 대입하는 것은 어려우므로 식을 간단히 정리하여 항등식인지 아닌지 알 수 있다.

$x+4x=5x$가 항등식인지 알아보기

x의 값	$x+4x$의 값	$5x$의 값	참, 거짓 판별
0	$0+4\times0=0$	$5\times0=0$	참
1	$1+4\times1=5$	$5\times1=5$	참
2	$2+4\times2=10$	$5\times2=10$	참
3	$3+4\times3=15$	$5\times3=15$	참
⋮	⋮	⋮	

x의 값에 어떤 값을 대입하여도 항상 참이 되므로 $x+4x=5x$는 항등식이다.

▶ 대입, 등식, 식의 값

해 解 value
방정식 또는 부등식을 참이 되게 하는 미지수의 값

방정식의 미지수의 값에 어떤 수를 대입하였을 때, 등식이 성립하면 그 수를 '방정식의 해'라고 한다. 부등식에서도 마찬가지로 미지수에 어떤 수를 대입하여 그 부등식을 만족하면 그 수를 '해'라고 한다. 해를 구하는 것을 '방정식을 푼다' 또는 '부등식을 푼다'라고 한다.

> **예** 방정식 $3x+4=5x$에서 $x=2$일 때, $3×2+4=5×2=10$으로 참이 되므로 방정식 $3x+4=5x$의 해 $x=2$이다.

▶ 방정식, 부등식

현 弦 chord

원 위의 두 점을 이은 선분

원 위에 두 점 가, 나를 이은 선분을 '현 가나'라고 읽는다.
현 중에서 가장 긴 현은 원의 지름이다.

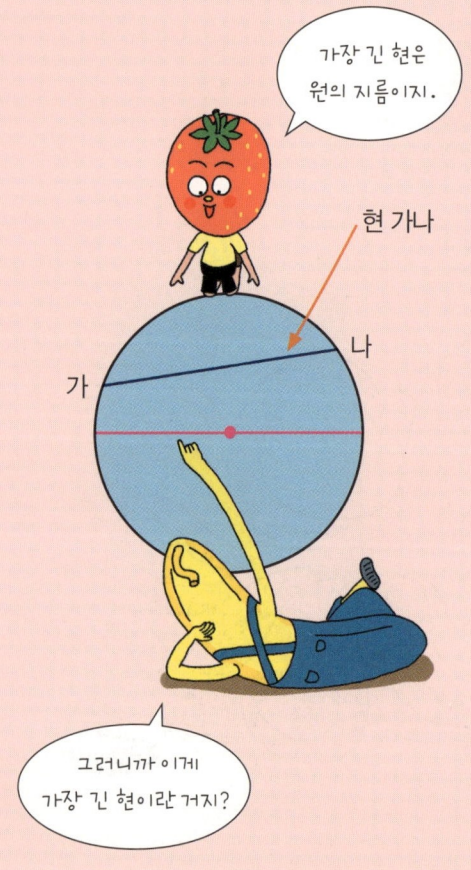

▶ 지름, 호

호 弧 arc

원 둘레의 일부분

원 둘레의 일부분 또는 부채꼴을 둘러싸고 있는 곡선을 '호'라고 한다. 원 위의 두 점 가, 나를 원 둘레로 이은 곡선을 '호 가나'라고 읽는다.

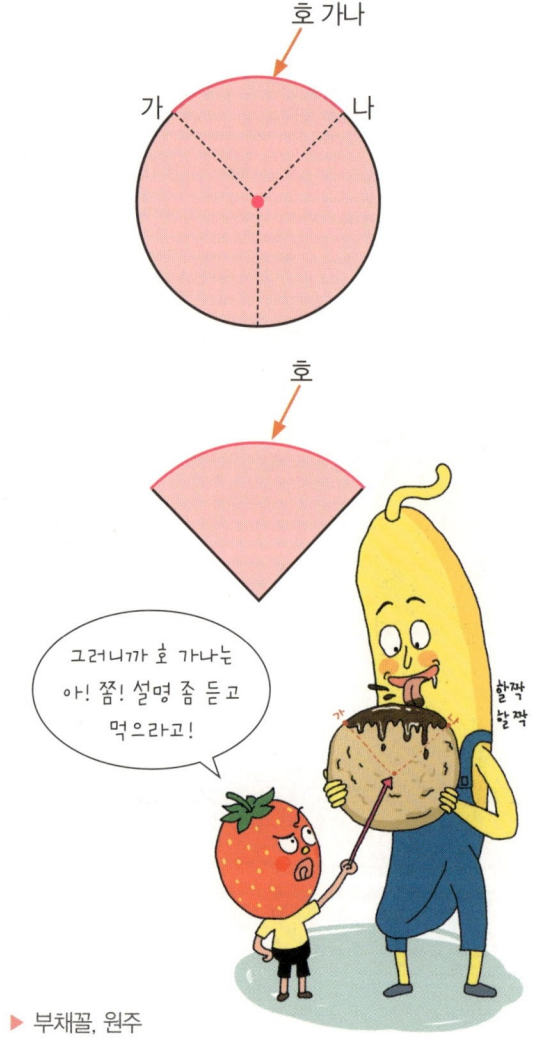

▶ 부채꼴, 원주

혼합 계산 混合計算 mixed calculation
덧셈, 뺄셈, 곱셈, 나눗셈이 섞여 있는 계산

덧셈, 뺄셈, 곱셈, 나눗셈이 섞여 있는 식을 풀 때는 순서에 주의해서 푼다.

| 덧셈, 뺄셈, 곱셈, 나눗셈, ( ), { }가 섞여 있는 계산 |

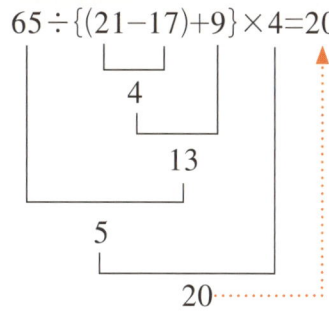

$$65 \div \{(21-17)+9\} \times 4 = 20$$

① ( ) 안을 먼저 계산한 뒤, { } 안을 계산한다.
② 곱셈과 나눗셈을 먼저 계산한다.
　단, 곱셈과 나눗셈이 섞여 있는 식은 앞에서부터 차례로 계산한다.
③ 덧셈과 뺄셈을 계산한다.
　단, 덧셈과 뺄셈이 섞여 있는 식은 앞에서부터 차례로 계산한다.

▶ 사칙연산

홀수 odd number
2로 나누어 떨어지지 않는 수

1, 3, 5, 7, 9…와 같이 둘씩 짝을 지을 수 없는 수를 '홀수'라고 한다.
어떤 수의 일의 자리 숫자가 홀수이면 그 수는 홀수이고, 어떤 수의 일의 자리 숫자가 0 또는 짝수이면 그 수는 짝수이다.

홀수와 짝수의 판별법	
123 ⋯ 홀수	2450 ⋯ 짝수
50001 ⋯ 홀수	25376 ⋯ 짝수

연필 7자루

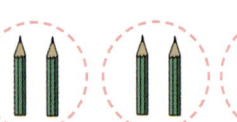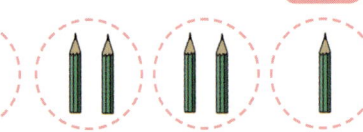 홀수

공책 9권

 홀수

▶ 짝수

확률 確率 probability
어떤 사건이 일어날 가능성

'내일 비가 올 확률이 70%이다', '이길 확률이 50%이다'와 같이 확률은 어떤 사건이 일어날 가능성을 수로 나타낸 것으로, 확률로 앞으로 생길 일을 예측하기도 한다. 수학적으로 확률을 계산할 때, '같은 조건'이라는 전제가 있어야 한다. 동전의 앞, 뒤 모양이 다르다면 동전의 앞면과 뒷면이 나올 가능성이 같을 수 없기 때문이다.

$$(확률) = \frac{(어떤\ 사건이\ 일어나는\ 경우의\ 수)}{(전체\ 경우의\ 수)}$$

▶ 경우의 수

황금비 黃金比 golden ratio
균형이 잡히고 이상적으로 보이는 비율

그리스의 수학자 피타고라스는 만물의 근원을 수로 보고, 세상을 수로 표현하고자 하였으며 정오각형 모양의 별에서 이상적인 비율을 발견하였다. 약 1 : 1.618인 5 : 8의 비율로 대각선이 분할되는 것을 발견하였으며 이것이 황금비의 시초라 할 수 있다.

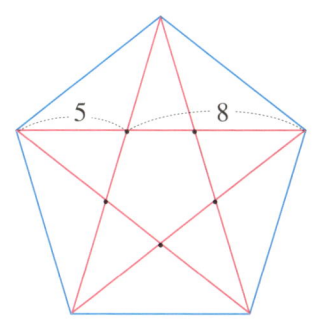
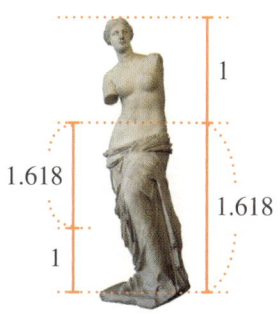

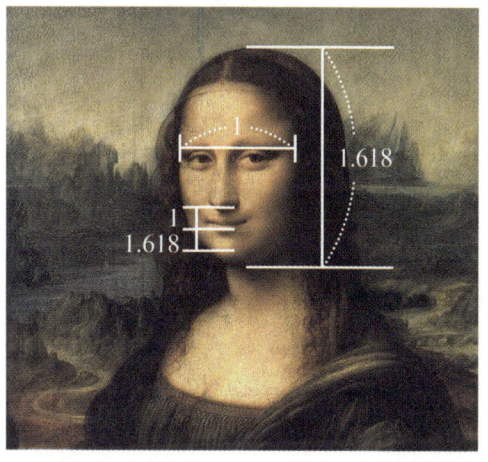

▶ 비, 비례식, 비율

회전체 回轉體 body of revolution

평면도형을 한 직선을 축으로 하여 1회전했을 때 생기는 입체도형

사각형과 같은 평면도형을 한 직선을 축으로 하여 1회전하면 입체도형이 만들어지는데, 이렇게 만들어진 입체도형을 '회전체'라고 한다. 이때 축으로 사용한 직선을 '회전축'이라고 한다. 회전축과 도형이 떨어져 있으면 안이 비어 있는 입체도형이 생긴다.

여러 가지 회전체

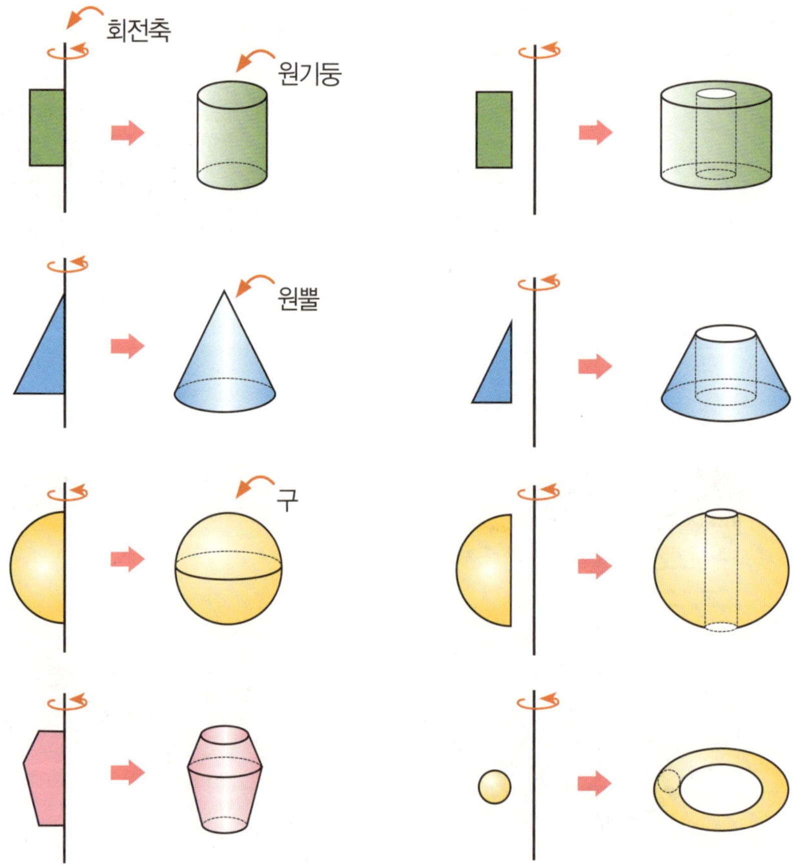

회전축 → 원기둥

→ 원뿔

→ 구

▶ 단면, 입체도형

히스토그램 histogram

자료의 분포 상태를 직사각형 모양으로 나타낸 그래프

자료를 보고 나타내는 그래프로, 각 항목의 수를 막대 모양으로 나타낸 막대그래프가 있다. 히스토그램은 막대그래프와 모양이 비슷하나 막대가 서로 붙어 있다. 막대그래프는 연속적인 변량에 대한 자료를 나타낸 것이 아니고, 히스토그램은 연속적인 변량에 대한 자료이다. 따라서 막대그래프가 혈액형, 거주지 조사 등에 알맞은 그래프라면, 히스토그램은 성적, 몸무게, 키 등을 나타내기에 알맞은 그래프이다.

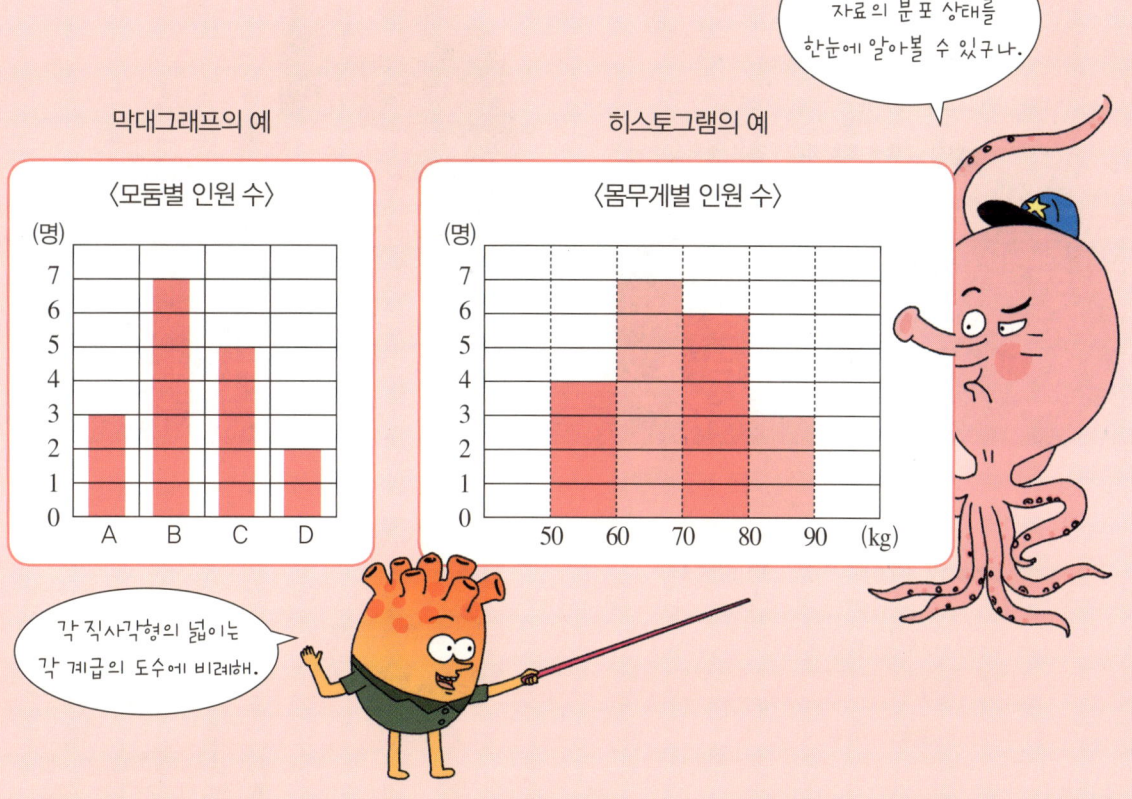

▶ 도수분포다각형, 도수분포표

와이즈만 사전

- 개정 교과서 반영
- 와이즈만 과학 프로그램과 연계된 용어 선정
- 한자, 영어 병행 표기
- 기초부터 심화 확장까지
- 국내 최다 표제어 수록

김형진·운용석·최희정 글 | 김석·송우석 그림
와이즈만 영재교육연구소 감수

창의·융합형 학습에 꼭 필요한
과학사전으로 스스로 깨닫는 힘을 길러요!

'기초 개념 용어'를 바르게 알고 사용하는 능력 중요!

《와이즈만 과학사전》은 변화된 교육 환경과 개정된 교과서에 맞추어 기초 과학부터 응용 과학까지, 초등부터 중등 교과 과정까지 폭넓게 아우르며 꼭 필요한 개념어를 엄선하였고, 초등학생 눈높이에 딱 맞게 쉽고 간명한 풀이를 하고 있습니다.
무엇보다 같은 용어라도 국어사전이나 백과사전에서는 해소할 수 없었던 정확하고 과학적인 해설과 관련 단어의 연결성까지 두루 갖추었습니다.
또한 용어의 한자와 영문 표기도 함께하여 그 뜻을 더욱 분명히 이해하도록 돕고 있습니다.

〈추천의 글〉中에서

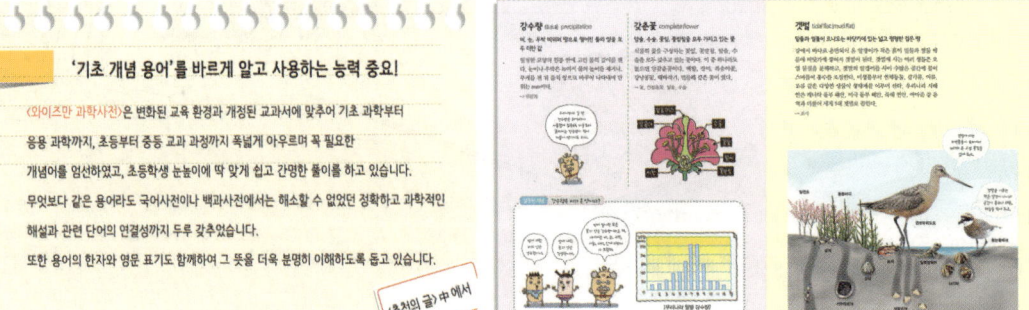

와이즈만 유아 수학 사전

공부하는 즐거움을 알려 주는 첫 생활 탐구 사전 그림책
유아의 사고는 언어 발달과 직접적으로 연결되어 있기 때문에 이 시기에 정확하고 명료한 어휘 능력 습득은 유아의 사고력을 결정한다는 측면에서 매우 중요합니다. 와이즈만 유아 사전 시리즈는 이러한 중요성과 필요성에 최적화하여 아이의 눈높이에 맞춰 만든 국내 최초의 과학, 수학사전 그림책입니다. 책에서 제시하고 있는 다양한 놀이를 실생활에서도 경험해 보게 한다면 아이가 글자를 깨치기 전이라도 과학과 수학을 놀이처럼 배울 수 있을 것입니다.

유아와 초등 저학년이 알아야 할 필수 기본 개념을 영역별·개념순으로 정리
와이즈만 유아 사전의 가장 큰 특징은 유아와 초등 저학년이 알아야 할 필수 기본 개념을 각각 5개의 영역으로 나누고, 앞쪽부터 개념순으로 이어져 있어서 개념 간의 연계성을 알기 쉽도록 구성했다는 것입니다. 정의를 내리기 전에 아이가 흔히 갖는 궁금증을 표제어로 선정하고 개념을 세분화하여 스몰 스텝으로 탐색할 수 있도록 구성되어 있습니다.

권장 독자 : 5세 이상

누리과정과 초등수학 교육과정을 기반으로 하여 〈수와 연산〉, 〈공간과 도형〉, 〈측정〉, 〈확률과 통계〉, 〈규칙성〉이 앞쪽부터 개념순으로 이어져 있습니다. 글자를 깨치기 전이라도 일상 언어와 그림으로 개념의 기초를 닦을 수 있는 직관적 구성으로 수학의 첫 만남을 쉽고 재미있게 만들어 줍니다. 핵심 개념을 익힘으로써 기본적인 두뇌 발달은 물론 나아가 초등학습까지 자연스럽게 준비할 수 있도록 와이키즈의 수학 교육 노하우가 집대성된 책입니다.

이경미 김은경 윤정심 기획·글 | 이창우 그림
와이즈만 영재교육연구소 감수 | 216쪽 | 값 22,000원

* 중국 판권 수출

와이즈만 수학 동화

초등학교 수학 교과서만으로는 이해가 부족했던 개념과 원리를 교과 학년별로 이야기 속에 알차게 담아내 탐구 능력과 창의적 문제해결력에 날개를 달아 주기 위한 동화 시리즈입니다.

도깨비와 함께 떠나는 유쾌한 수학 탐험!
수학도깨비
서지원 글 | 우지현 그림
와이즈만 영재교육연구소 감수
128쪽 내외 | 값 11,000원

★ 대상 독자 : 저학년 (1, 2학년)

수학해적왕만이 아는 세상에서 제일 강한 힘
수학해적왕
권재원 글 | 정은영 그림
와이즈만 영재교육연구소 감수
140쪽 | 값 11,000원

★ 대상 독자 : 저학년 (1, 2학년)

스토리를 통해 알게 되는 진정한 수학의 맛!
수학빵
김용세 글 | 이상미 그림
와이즈만 영재교육연구소 감수
156쪽 | 값 11,000원

★ 대상 독자 : 중학년 (3, 4학년)

'진짜 수학'의 의미를 알고 싶다면?
몹시도 으스스한 수학교실
권재원 글 | 김고은 그림
와이즈만 영재교육연구소 감수
124쪽 | 값 11,000원

★ 대상 독자 : 중학년 (3, 4학년)

바리데기 할머니가 들려주는 수학 이야기
소원 들어주는 음식점
서지원 글 | 원혜진 그림
와이즈만 영재교육연구소 감수
116쪽 | 값 11,000원

★ 대상 독자 : 저학년 (2학년) 이상

개미에게 배우는 놀라운 수학·과학의 세계
수학개미의 결혼식
서지원 글 | 이영림 그림
와이즈만 영재교육연구소 감수
140쪽 | 값 11,000원

★ 대상 독자 : 저학년 (1, 2학년)

신화 속 신들의 문제를 풀다
마지막 수학전사 1~5권
서지원 글 | 임대환 그림
와이즈만 영재교육연구소 감수
152쪽 내외 | 각 권 값 10,000원

★ 대상 독자 : 중학년 (3, 4학년) 이상

와이즈만 과학 동화

초등학교 과학 교과서만으로는 이해가 부족했던 개념과 원리를 교과 학년별로 이야기 속에 알차게 담아내 탐구 능력과 창의적 문제해결력에 날개를 달아 주기 위한 동화 시리즈입니다.

 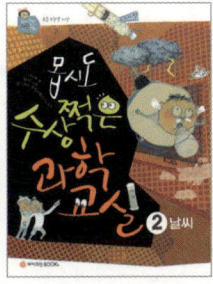 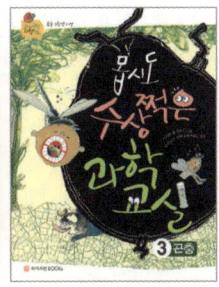

궁금한 것이 있으면 직접 그것이 되어 본다!
몹시도 수상쩍은 과학교실 1~3권
서지원 글 | 한수진 그림
와이즈만 영재교육연구소 감수
160쪽 내외 | 각 권 값 11,000원

★ 대상 독자 : 중학년 (3, 4학년)

엉뚱발랄 사고뭉치의 생활 속 과학 세계 탐험!
빨간 내복의 초능력자 1~5권
서지원 글 | 이진아 그림
와이즈만 영재교육연구소 감수
140쪽 내외 | 각 권 값 10,000원

★ 대상 독자 : 중학년 (3, 4학년) 이상

더 강력한 이야기로 돌아온 과학 히어로
빨간 내복의 초능력자 시즌2 1~2권
서지원 글 | 이진아 그림
와이즈만 영재교육연구소 감수
140쪽 내외 | 각 권 값 10,000원

★ 대상 독자 : 중학년 (3, 4학년) 이상

스토리텔링 창의영재수학

수학을
정말 재미있게 만들어주는 책!

'즐깨감 수학'은 즐거움, 깨달음, 감동의 줄임말입니다.

이런 아이에게 추천합니다!

- 단순반복 연습으로 수학이 싫어진 아이
- 수학을 억지로 푸는 것으로 생각하는 아이
- 수학은 싫어도 퀴즈나 수수께끼를 좋아하는 아이
- 다양한 응용문제에 도전하고픈 아이
- 답을 알려 주기 전에 스스로 풀려고 하는 아이
- 초등 교과서 수학을 넘어서 생각하는 힘을 기르려는 아이
- 무엇보다, 수학과 친하게 해주고픈 현명한 엄마를 둔 아이!

" 즐깨감 수학으로
모든 수학 영역의 능력을 키우세요! "

즐거움 감동
깨달음